思考破壊

超一流に勝つための流儀

至学館高校野球部監督
麻王義之

竹書房

はじめに

「こんな恵まれない環境でよく甲子園に行けましたね」

２０１１年の夏、創部６年目にして初の甲子園出場を決めた際、本校に取材に訪れたメディア関係者のみなさんは異口同音におっしゃったものである。

本書の中で詳しく述べるが、確かに当時の至学館野球部の環境はお世辞にも整っているとは言い難いものだった。

野球部専用のグラウンドはなく、学校の校庭もほかのインターハイレベルにあるいくつかの部活がメインで使っているため週に一度しか使えない。しかもその校庭は硬式野球のできる広さも、ボール避けのネットなどの設備もないのでできることはキャッチボールと単純なノックくらい。ほかの学校では毎日のように行っているフリーバッティング、外野ノック、内外野の連係プレーといったいわゆる「普通の練習」が何ひとつできなかった。

そんな環境のため、平日は校舎裏の通路や駐車場で、守備の基本練習やシャトル打ちにひたすら励む日々。簡単なバッティング練習やキャッチボールは、25mプールを潰した跡に造った鳥かごと4カ所のブルペンで行っていた（夏の甲子園出場以前には、水を抜いたプールの中でバント練習やピッチングなどをしていた）。

選手たちが思いっきり打ったり、外野の守備ができたりするのは週末の練習試合（すべて遠征）だけだった。記者のみなさんから「恵まれない環境」と言われてしまうのも当然のことだった。

しかし、そんな「恵まれない環境」で野球をしていた当の本人である私たちは、自分たちの置かれた環境を「恵まれていない」とはあまり感じていなかった。逆に「この環境でできることは何か？」を考え、練習を工夫し、野球ができることに感謝しながら日々の練習を楽しんでいた。

そんな中、私は「専用グラウンドがなくても試合には勝てるよ」と選手たちに説き続けた。そして、そのためには「思考」の部分で相手を上回り、「考える野球」をしながらあらゆる戦略を駆使し、相手チームの思考を破壊していかなければならない。2011年に甲子園行きの切符を手にできたのは、そういった至学館ならではの「思考破壊野球」を探求し続けた結果なのだ（今は2018年秋に完成した専用グラウンドがあるので環境は大いに恵まれている）。

甲子園初出場を決めた2011年以降も、本校は県大会で上位進出を度々果たしている。2016年秋には私学4強をすべてサヨナラで倒し、東海大会で準優勝することもできて、翌2017年センバツの出場権を獲得した。そして、2018年、2019年と2年連続で夏の県大会準決勝進出を果たした。

今現在（2020年5月）、世界を襲う新型コロナウイルスの影響により、愛知県内の高校も休校となっており、本校野球部の活動も休止中である。

正直、今年の3年生は私なりに手応えを感じていた世代でもあり、春の大会、夏の大会とグラウンドで大暴れさせてあげたかったのだが、春の大会は中止となり、夏の甲子園も中止になってしまった。

しかし、困難な状況に置かれているのは至学館の選手だけではないし、目指すべき大会が中止となり辛い思いをしている高校生たちは野球以外の競技にもたくさんいる。全国のスポーツ少年・少女たちがひとつのことに打ち込んできたその熱く真剣な思い、そしてそれを支え続けてきた保護者、指導者のみなさんの無念を思うと、私はここで発すべき言葉を見つけることができない。

とはいえ、私は本校の選手たちがこの先、公式戦などの日程がどうなろうとも、自分の道を見失うことなく、それぞれが進むべき方向へと走り続けてくれると信じている。後述するが、至学館野球部の最終目標は「甲子園」ではない。みんなが好きな野球を探求しているのは、己の人間性を高めるためのひとつの手段であり、野球がうまくなることがすべてでもなければ、甲子園が最終的に目指している場所でもない。それを選手たちもみな、しっかりと理解してくれている。

本校の選手たちは、みんな本当に野球が好きである。ほかの強豪校のようにセレクションなどもなく「来る者は拒まず」の姿勢で活動しているため、中には「高校で初めて野球に本格的に取り組みました」という選手もいたりする。私は指導者として、彼らが野球がうまくなるように努めることは当然だが、それ以前に「野球が好き」という心の火だけは消さないようにしようと心掛けている。彼らが「野球が好き」という気持ちをいつまでも持っていてくれるよう、選手を指導してチームを運営していく。それが高校野球指導者として私のなすべきことだと考えている。

私がいかにして同好会から始まった本校野球部を、甲子園に出場するまでに育てたのか。そして、バッティングもノックも満足にできない「恵まれない環境」の中でどのような練習をしてきたのか。選手たちとどう向き合い、どのような指導をしてきたのか。そのすべてを、本書で明らかにしていきたい。

思考破壊

超一流に勝つための流儀

目次

第1章

私学4強を打ち倒す至学館野球

第2章 麻王流・指導論 ——選手のやる気を引き出す教え方

第3章

強豪を抑え込むピッチャー育成術

第4章

至学館野球の神髄「継投野球」

第5章

4強を倒す戦術
――「思考破壊」と人材育成

第6章　4強に打ち勝つバッティング

第7章 失点を防ぐ守備&強豪を惑わす走塁&トレーニング

第1章

私学4強を打ち倒す至学館野球

私学4強を倒さなければ先はない

愛知高校野球の現状

愛知県には全国屈指のいい素材の選手が集まっている。これは学童・少年野球が盛んであるという地域性と、さらに「私学4強」と呼ばれる4つの強豪校の存在が相まって好循環を生み出しているからだと思う。

ここではまず、その「私学4強」に関してご説明をしておきたい。4強はそれぞれが全国に名を馳せる有名校であり、体力も技術もすべてがトップレベルである。「私学4強」と呼ばれる学校は以下の通りである。

・中京大中京（甲子園での勝率7割4分3厘）
・東邦（同、6割3分2厘）

・愛工大名電（同、5割1分2厘）
・享栄（同、4割7分3厘）
このように4強は甲子園でも高い勝率を誇り、この4校の中でも、近年は中京大中京と東邦が甲子園に多く出場している。それでは、ここから各校の特徴について述べてみたい。

中京大中京は私の母校でもあり、4強の中でもっとも伝統のあるチームである。先に記した甲子園での高い勝率が示すように、春夏合わせて全国最多となる優勝回数（11回）と通算勝利数（133勝）を誇る（ちなみに通算勝利数2位のPL学園（大阪）と龍谷大平安（京都）は96勝で、3桁の勝利数は中京大中京のみ）。中京大中京の野球は基本に守備があり、そこに機動力、攻撃力が加わってくる。チームのメンバーは県内出身者が多く、毎年愛知の優秀な選手が中京大中京に集まってくる。総合力では愛知ナンバー1といっていいだろう。

東邦の最大の特徴は、やはりその攻撃力だ。森田泰弘前監督の野球は「打って、

打って、ねじ伏せろ」というスタイル。練習内容もバッティングが中心であり、4強の中ではもっとも攻撃型のチームといえる。秀でた打力を持ったチームなのでここに投手力が加わると、ちょっと手が付けられない強さとなる。近年では、2016年夏の甲子園3回戦進出の藤嶋健人（中日ドラゴンズ）や、2019年センバツ優勝の石川昂弥（中日ドラゴンズ）のようないいピッチャーを擁している時は抜群に強かった。

愛工大名電は福岡ソフトバンクホークスの工藤公康監督、2019年に引退したイチロー（元シアトルマリナーズほか）がOBということもあり、その名は全国区である。4強の中で唯一の野球部専用の寮を完備しており、グラウンドの脇に立派な寮が建っている。野球をする環境としては愛知ナンバー1といってもよく、それだけに全国から有望な選手が集まってきている。倉野光生監督は足や小技を駆使した細かい野球が得意だったのだが、最近お話ししたところ「超攻撃野球」へスタイルを変えていくとおっしゃっていた。愛工大名電がどのように進化していくのか、これから先が要注目である。

享栄は東邦と同じく、攻撃を持ち味としたチームである。体の大きな選手が多く、打線に火が付いたら手が付けられなくなる怖さがある。2018年からは、中京大中京で監督として2009年に全国制覇を成し遂げた大藤敏行監督が新監督として就任した。享栄伝統の攻撃野球に、中京大中京の守備力が加わったら鬼に金棒である。愛工大名電同様、今後どのようにチームが変化していくのか注視していきたいと思っている。

この「私学4強」に次ぐBグループ的存在なのが、豊川、桜丘、愛知産大三河、星城、栄徳、愛知黎明、愛知啓成、豊田大谷、そして我が至学館といったところでいずれも実力は拮抗している。大府や刈谷、豊田西といった公立勢も虎視眈々と上位を伺っており、どこと当たっても気が抜けない（創部当初は、このような環境の中で上位に進出できるとはまったく考えられなかった）、まさに全国一の激戦区といっていいのが愛知の高校野球なのだ。

2016年秋、4強すべてをサヨナラで撃破！

前項でご紹介した「私学4強」は、いずれも県内外から中学の主力選手が集まっており、一般入試からの入部はほぼできない。そういった理由から、本校のように「誰でもOK」なところに、4強に行きたくても行けなかった選手たちが集まってくる。だから、うちのチームには4強の選手たちより技術、体力等の能力が劣っていたとしても「4強に勝ってやる！」という強い気持ちを持った選手が多く、その闘争心が近年の至学館の野球にマッチして好成績に繋がったように思う。

至学館といえば、女子レスリングでオリンピック4連覇を成し遂げた伊調馨さんが卒業生であり、そのほかにも土性沙羅、登坂絵莉、さらには今度の東京オリンピック出場が内定している川井梨沙子、友香子姉妹など、優秀な女子レスリング選手を多数生み出している（系列の至学館大学の卒業生にはオリンピック3連覇の吉田沙保里さんもいる）。

そんなわけで、至学館は女子レスリング選手たちのおかげでその名を全国に轟かせていたが、野球部が知られるようになったのは、2011年の夏の甲子園初出場と2016年の秋季東海大会準優勝、さらにそれに続く2017年のセンバツ出場によってである。

2016年の秋季東海大会で、本校は決勝戦で静岡高校に負けるも準優勝を果たし、翌年のセンバツ出場権をほぼ確実なものにした。

この時、私たちは愛知大会で3位となり東海大会進出を決めたのだが、1回戦で愛工大名電、準々決勝で東邦、3位決定戦で享栄と対戦し、いずれもサヨナラ勝ちで勝利を収めた。4強のうちの3校と対戦し、そのすべてがサヨナラ勝利だったことから私たちは「ミラクル至学館」とメディアにも取り上げられ、その後の東海大会でも4強の残る一校である中京大中京に準決勝でサヨナラ勝ちをし、2度目の甲子園（センバツは初）の切符を手にしたのである。

次項では、愛知大会から続いたその奇跡の勝利の変遷を辿りつつ、本校の野球の本質、特徴などについてもお話ししたい。

ミラクル至学館

2016年の秋の愛知大会でサヨナラ勝ち連発！

2016年の秋の大会で、私たちが成し遂げた奇跡的な勝利の変遷をここで辿っていきたい。

愛知大会の1回戦、私たちの相手は4強の一角である愛工大名電だった。実力差でいえば7対3で名電有利。しかし私たちは名電を相手に粘って食らいつき、試合は延長戦に。そして迎えた10回裏至学館の攻撃、2アウト満塁、カウントは3ボール2ストライク。ここで私はバッターに「待て」のサインを出した。私の目論見通り、相手ピッチャーの投球はボールとなり、5－4のサヨナラ勝ちを収めた。ここから私たちの快進撃は始まった。

1回戦のサヨナラで勢いに乗った本校は2回戦（対半田工）を7－1で、3回戦（対中部大春日丘）を1－0の延長サヨナラ勝ち、続く4回戦・準々決勝で東邦と対戦することになった。

実は、前日の中部大春日丘との試合は雨天中断なども挟んだ大熱戦だったため、試合が終わったのは夜の9時だった。そして、翌日の東邦戦は第1試合ということで試合開始が朝の9時。何と私たちは、前試合から12時間も経たないうちに強豪・東邦と戦わなければならなくなってしまった。

ところが、である。至学館は東邦を相手に初回にいきなり4得点。大番狂わせの勝ち試合ペースで試合を進め、ラストイニングに入った時点では4－1で私たちが

3点差をつけて勝っていた。

この年の夏、東邦は甲子園に出場しており（第98回全国高等学校野球選手権大会）、その2回戦で八戸学院光星を相手に9回裏、一挙5得点の劇的な逆転サヨナラ勝ちを収めていた。甲子園のスタンドの大観衆が、みなタオルを振って異様な雰囲気となったあの伝説の大逆転劇である。

この愛知大会の時もスタンドには東邦の奇跡を信じ、タオルを振って応援している高校野球ファンがたくさんいた。その雰囲気に飲まれてしまったわけではないのだが、やはり選手たちは心のどこかで名門のプレッシャーを感じていたのかもしれない。2アウト満塁からファーストゴロで誰もが「試合終了」と思ったその瞬間、ファーストの選手がこのゴロをトンネルして走者一掃で同点。さらにその後タイムリーを打たれるなど一挙に6得点と、瞬く間に大逆転されてしまった。そして4-7の3点ビハインドで9回裏、至学館最後の攻撃となった。

3点差で勝っていたのが、一気に3点のビハインド。客観的に見れば、完全な負け《ˇ》パターンである。満員だったスタンドから、東邦の勝ちを確信した観客がどんどん引き上げていく。私はそんなスタンドの風景を見ながら、選手に対して「ゲームセットになるまでどうなるかわからない。至学館の伝統の野球をしよう！　笑顔で最後まで戦おう！」と語りかけた。

どんな窮地となっても笑顔で戦う。それが至学館の基本スタイルであり、伝統である。どんなに負けていても選手はみな笑顔、スタンドから声援を送ってくれている部員たちも笑顔だ。私たちの試合を見たファンの方々やマスコミの方々からも「至学館はいつも笑顔ですね」とよく言われる。ちなみに、私は帽子のつばの内側に「笑顔」と記している。暗くなっているチームに、野球の神様は微笑んではくれない。だからどんな時も笑顔。それを私自身が忘れないために、帽子に「笑顔」と記しているのだ。

9回裏、笑顔で戦う私たちに野球の神様は最後に微笑んでくれた。ランナーがたまった状態から、ピッチャーをしていた選手が逆転の一打を放ち、私たちは8-7

でまたもやサヨナラ勝ちを収めた。ラストイニングに両校合計で10得点した試合は、私の長い野球経験の中でもこの試合だけである。

続く準決勝で本校は桜丘に負けてしまうのだが、野球の神様は私たちをまだ見放してはいなかった。3位決定戦で、私たちは4強の一角を担う享栄と対戦した（東海大会は愛知、静岡、岐阜、三重、各県大会上位3チームに出場権が与えられているため、この試合に勝って3位に入れば東海大会出場権を得られる）。

2－2の同点で迎えた9回裏、バッターは俊足で細身の1番打者だった。その選手はいつもバットを短く持って打席に立っていたのだが、この時私にひとつのひらめきがあった。私はその選手に「この打席はこのバットを使え」と、長さ80センチの短いバットを使うように指示した。

高校球児が使う通常の金属バットは、85センチ前後のサイズが多い。80センチのバットは普通のサイズに比べればとても短いが、体の小さい選手にはわりとフィットする。

プロ野球などでもよく見かけるが、体の小さい選手はバットを短く持つタイプが多い。だが、本当にフルスイングをしようと思ったら、バットは長く持ってグリップエンドに指が付く（指がひっかかる）状態にする必要がある。そうしないと、しっかりとヘッドを効かせたスイングができないからだ。だから、本校では練習でもこの80センチバットをよく用いるし、試合にも必ず携行するようにしている。

私は最終回のこの場面で、バッターにフルスイングをして長打を狙ってほしかった。それは戦術というより、ひらめきにも近い采配だったが、そういった理由で私は選手に短いバットを長く持って使うよう指示したのだ。

また、タイムを取ってバッターに指示を出し、審判に「バットを替えます」と申告することで試合にちょっとした「間」を作り、流れをちょっとでも変えたいという思いもあった。

すると、その選手はなんとその打席で、レフトスタンドへサヨナラホームランを放った。まさに「ミラクル」である。

私たちは、この奇跡の一打で東海大会へ進む権利を得た。翌日のスポーツ新聞には「魔法のバット」と記事が載り、その短いバットを販売しているメーカーには注文が殺到したそうだ。

4強最後の砦、実力ナンバー1の中京大中京に奇跡の勝利を収め、センバツ出場決定

2016年の秋季愛知大会で3位入賞を果たした私たちは、その後東海大会へと駒を進めた。そしてここでも、私たちのミラクルな快進撃は続くのである。

1回戦の相手は三重代表の菰野だった。投手育成には定評のある菰野だが（阪神タイガースの西勇輝投手を筆頭に多くのプロ野球選手を輩出）、この年の菰野にも右投げ、左投げそれぞれに全国レベルのピッチャーが揃っており、優勝候補の筆頭

に挙げられていた。

正直、うちが菰野に勝てる要素は少なかった。だから私は選手たちに「優勝候補が相手だ」ということを意識させないように努めた。何よりも試合への入り方が肝心だと考え、選手たちが相手を意識しないように、菰野の投手、打線、守備の特徴やデータなどは一切知らせなかった。

そうやって自然体で試合に入ったのが功を奏したのか、私たちは初回に7得点のビッグイニングを作った。そしてそのままその差を守り切り、7回コールドで勝ってしまった。トーナメントで勝ち続けるには、地力にプラスして「運」や「ツキ」も必要だが、私はこの勝利で流れがうちに来ていることを確信した。

2回戦の相手は岐阜1位通過、好投手を擁する多治見だった。私はロースコアの投手戦になると予想し、守備力の高い選手を多く先発に起用した。案の定、試合は息詰まる投手戦となった。そして、ここでも私たちは粘り強く戦い2－1で守り勝ち、ベスト4に進出することになった。

次の準決勝で勝てば、センバツの当確ランプが灯る。そして、その準決勝の相手は「私学4強」の最大の壁である中京大中京。相手にとって不足なし。しかも私たちには「ツキ」があった。選手たちにも「負けていても何かが起きるから。最後まで絶対にあきらめるな」「3度あることは4度ある」と試合前に伝えた。

2020年2月に亡くなられた、日本のプロ野球界を代表する名将・野村克也監督は「勝ちに不思議の勝ちあり、負けに不思議の負けなし」とよくおっしゃっていたが、この試合こそまさしく私たちにとって「勝ちに不思議の勝ちあり」の勝ち方だった。

試合は中京大中京のペースで進み、1－3で9回裏、至学館最後の攻撃となった。その最終イニングも、あっという間に2アウト2ストライクとなってしまった。ランナーはいない。そこでバッターの打った当たりは、普通のセカンドゴロだった。

「これで終わりか」

そう思った瞬間、ゴロが野手の前で大きく跳ね上がった。このイレギュラーを二塁手がファンブルし、内野安打に。2アウト・ランナー一塁。続く4番バッターがデッドボールで出塁してランナー一・二塁となった。

一塁ランナーがホームに還れば同点である。4番バッターはキャッチャーで守備の要でもあったが、私は躊躇なく代走を出した。この時点で登録20名すべてを使い切り、ベンチに残っている選手はいなかった。どんな時も総力戦で戦う。人材不足ゆえにともいえるが、それが至学館の野球である。

すると、続く5番バッターがセンターを越える二塁打を放ち、一気に同点となった。そのバッターも送球が乱れる間に三塁まで進み、2アウト・ランナー三塁に。こうなると、流れはもう完全にうちに来ている。その押せ押せムードに乗って後続がヒットを打ち、この年の秋の大会で私たちは4強すべてをサヨナラ勝ちで破るという快挙を成し遂げた。

この試合、中京大中京は13安打しながら3得点止まり。外野を抜けるような当たりをうちの外野手がダイビングキャッチで好捕したり、痛烈なライナーを打ってもそれが内野手の正面だったりと、中京大中京にとっては実にツキのない試合だった。

この秋の大会、本校は全試合を継投で凌いだ。この時は左のサイドスローと右のオーバースローのふたり。しかもふたりともストレートは120キロ台で、中学時代もエースではなく、2番手、3番手のピッチャーだった。でもそういった投手陣でも技巧派に育て上げ、継投で凌ぎ切る。いろんなタイプのピッチャーを揃え、継投で戦う。それがうちの戦い方でもある。私たちは続く決勝戦で静岡に1－5で敗れるも準優勝となり、翌春のセンバツ出場をほぼ確実なものにした。

本書でこれから詳しく述べるが、当時の本校は私学ながら野球部専用のグラウンドはなく、ノックもフリーバッティングも思うようにできない環境だった。

打撃練習といえば、バドミントンのシャトルを打つのが定番。ランニングやダッシュは校内の駐車場で、という状況。それでも、そういった逆境に耐え、集中力を切らさず練習を続けてきた結果が、このような好成績に繋がっていったのだと思う。

中京から始まった私の野球人生

至学館野球部の歴史を語る前に、私の球歴を簡単にお話ししておきたい。

私は中京高（現中京大中京）の出身で外野手をしていた。3年生の時にレギュラーとなったが甲子園出場は叶わず、私自身は選手として甲子園の土を踏んだことはない。ちなみに私の1学年上と1学年下は甲子園に出場しており、1学年下にはその後プロ入りした野中徹博（元中日ドラゴンズほか）や紀藤真琴（元広島東洋カープほか）がいた。

また当時のライバル校には、私と同学年に大府の槙原寛己（元読売ジャイアンツ）と愛工大名電の工藤公康、愛知の浜田一夫（元中日ドラゴンズ）がおり、我が中京は春の大会で槙原に、夏の大会では浜田に敗れた。私たちの学年は、こういったライバル校の好投手たちに阻まれて甲子園出場はならなかったが、その悔しさが今の指導にとても生かされている。

大学はそのまま系列である中京大学へ進み、卒業後は中京大OBなどのつてで花咲徳栄（埼玉）や弥富（現愛知黎明）、中部大春日丘などで、体育の非常勤講師をしながら野球部のコーチを務めた。

当時の弥富には、名将として知られる金城孝雄監督がいた。金城監督は弥富で20年指揮を執った後、1998年に沖縄尚学の監督に就任。翌1999年には、センバツで春夏通じて沖縄県勢初の日本一を成し遂げた。2006年に移った長崎日大でも、2007年に夏の甲子園4強進出を含め計3度の甲子園出場を果たし、在任中には大瀬良大地（広島カープ）などを育成したことでも知られている。金城監督とともに過ごしたコーチ時代の経験がなければ、今の私はない。アウトロータイプの私に指導のいろはを教えてくださった当時の監督さんたちには、感謝の気持ちでいっぱいである。金城監督とのご縁がもとで、沖縄水産の栽弘義監督（故人）と交流が持てたことも、私には何物にも代えがたい財産となっている。

また、弥富でコーチをしていた時代は非常勤講師だったため、社会人野球の日本通運名古屋のトレーニング＆フィットネスコーチも兼務していた。この頃に独学で学んだウエイトトレーニング理論は、以降の選手育成においてとても役立っている。

その後、県内の春日丘でコーチを務めている時に、石川県にある専門学校・ルネス学園金沢から野球部監督のお話をいただき、そこで大学を卒業して以来初となる監督を務めた。

ルネス学園で3年監督を務めた後、茨城の明秀学園日立から声をかけていただき、初めて高校野球の監督をすることになった。

そしてそこから3年を経た2005年、私は再び名古屋に戻り、至学館に赴任。実はこの時、至学館に野球部はなかった。ではどのように野球部ができて、今にいたるのかを次項でご説明しよう。

至学館野球部は同好会から始まった

グラウンドを使えるのは週1回

もともと女子高（中京女子大学附属高校）だった至学館が、共学となったのは2005年のことである。その共学化に伴い、私は至学館に体育教師として赴任した。共学化したばかりのため、当時の本校に野球部はなかった。私自身、その頃はそれまで続けてきた監督業に多少疲れを感じていたこともあり「至学館に是が非でも野球部を作りたい」とは思っていなかった。「しばらくは体育教師をしながら、のんびり過ごそう」。そんなふうに思っていた。

ところが、新学期が始まってしばらくすると、数人の男子生徒が私のところにやって来て「野球部を作りたいんです。麻王先生、監督をしてください」と言う。しばらく野球からは離れていようと思っていた私だったが、生徒たちの熱意に押されて監督を引き受けることにした。そしてその話を校長に伝えると、「同好会なら始めていい」という返答をもらった。そこから至学館の野球部ならぬ「野球同好会」の活動がスタートした。

同好会の最初のメンバーはたったの6人だった。6人の中には野球初心者もいれば、中学時代に不登校だった生徒もいた。

至学館のグラウンドは大変狭く、もともと女子高だったこともあり、その時代からグラウンドを使っていたソフトボール部や陸上部の使用が優先。正式な部活ではない私たち同好会がグラウンドを使えるわけもなく（その後、しばらく経ってから週に1日、水曜日のみ使えるようになった）、校舎裏にある空きスペースや駐車場で練習するしかなかった。

その後、正式に野球部となって数年してから、校舎の裏に内野くらいの大きさのスペースを高さ約25mのネットで囲んだ練習場ができた。だが、同好会立ち上げ当時はティーバッティングを行う場所もネットもなかったので、まともに打つ練習すらできなかった。当然、長い距離のキャッチボールもできないので、日によっては自転車で近くの河川敷に行き、野原でキャッチボールなどをすることもあった。

先述したように、同好会メンバーには野球初心者もいたので、キャッチボールやノックの時にボールを顔面に当てることも日常茶飯事だった。それまでは甲子園を目指し、レベルの高い環境の中で野球を指導してきた私にとって、あらゆることが衝撃だった。

だが、部活ではなく同好会、メンバーも初心者、野球をやる場所もないという、ある意味この緩い環境が当時の私には合っていた。昼は駐車場脇の空きスペースにブルーシートを敷き、野球の話をしながらみんなで一緒にお弁当を食べた。生徒たちはみな野球は下手だったが、彼らの「野球が好き」という純粋な気持ちに触れて、私自身、野球の原点に立ち返ることができた。

いきなり夏の大会で優勝候補相手に大金星！

あえて強豪ばかりと練習試合を積む

同好会がスタートした翌春（2006年）、「野球をやりたい」という新入生が同好会に13名入ってきた。会員は計19名となり、これでやっと野球の試合ができるようになった。私は校長にかけあって同好会を正式に「部活」として認めてもらい、そのまま高野連にも登録申請を行った。

13人の新入部員を迎えたとはいえ、素人感丸出しの選手たちばかりだった。だから投げる、捕る、打つの基本を校舎の裏で地道に練習するほかなかった。

グラウンドが使えたとしても、フリーバッティングも全体ノックもできない環境だった。思いっきり打ったり、あるいは野手9人での連携プレーをしたりするためには、学校を飛び出すしかない。

そこで、私はある意味無謀ともいえる方法を取ることにした。フリーバッティングや全体ノックをするには、市内にある公営のグラウンドや球場を借りればできないことはなかった（もちろん、たまにそういったこともしていた）。だが、もっと効率よく選手たちに「野球」というスポーツを覚えてほしかった。そこで私は夏の大会に向け、週末の土日は練習ではなく、遠征（私と部長の鈴木健介コーチがバスを運転した）の練習試合ばかりを組んだ。

選手たちにとって、実戦に勝る経験はない。だから私は練習試合を組むようにしたのだが、あまり名の知られていない弱い高校と試合をしても意味がないと考え、知り合いのつてを頼りつつ強豪校とばかり試合を組んだ。

そうはいっても、私たちのような新参者が強豪校の一軍レベルのAチームと試合をするのはおこがましいので、その下のBチーム、Cチームと試合をさせていただいた。AよりはレベルのBチーム、Cチームといえども初心者の集まりである本校が勝てるわけもなく、毎試合、10点差、20点差をつけられて負けていた。

でも、そんな敗戦を繰り返す中で選手たちは柔道の受け身を覚えるかのように、ダメージの少ない「点の取られ方」を覚えていった。受け身がうまくなるにつれて、大量失点の失点数も徐々に下がっていった。試合に負けたとしても、その負けを次の試合に生かせればチームは成長できるのである。

また、私があえて強豪校と試合をしたのは、至学館の選手たちに「高校野球とは何か？」を知ってもらいたかったからである。

強豪校と試合をすることで、しっかりとした野球観と野球に取り組む姿勢を学ぶことができる。試合以外での相手校の選手たちの立ち居振る舞いを見れば先輩、後輩の上下関係といった部内の規律、さらには挨拶、返事、周囲への気配りといった礼儀作法も覚えられる。

私はこれから至学館の野球部の歴史を作っていく上で、最初の一歩がもっとも重要だと考えた。だからあえて恥を晒しながらも、強豪校と練習試合を続けたのだ。

当時、どこの馬の骨ともわからぬ私たちを受け入れ、相手をしてくださった中京大中京や星稜（石川）、浜松商業（静岡）といった名門チームの関係者のみなさまには本当に感謝している。

そして迎えた初めての夏の大会。クジ運がよく1回戦シードだった私たちの初戦（2回戦）の相手は、強豪・豊田大谷だった。

豊田大谷はその前年の夏の大会で準優勝していたため、4強と並び優勝候補の一角に数えられる存在だった。

それに対して、本校のピッチャーはその年に入部してきたばかりの新入生。しかも中学時代はファーストの補欠で、ピッチャー経験はなかった。だが、当時のメンバーでピッチャーができそうなのは、その選手しかいなかった。私は、より変則感を出すためにその選手をサイドスローに変え、豊田大谷戦の先発に据えた。

すると、驚いたことにその先発ピッチャーが好投し、4－3とうちが1点リードした形で最終回の相手の攻撃を迎えた。

2アウト、ランナー一塁。長打が出れば同点となってしまうこのピンチに、右中間を抜かれるヒットを打たれた。ランナーは当然ホームに突っ込んでくる。私も同点を覚悟したが、なんと外野から奇跡的なストライク返球が来てタッチアウト。豊田大谷のベンチだけでなく、うちのベンチも一瞬何が起きたかわからない。そんなゲームセットの瞬間だった。

優勝候補に勝利する大金星を挙げ、うちの選手たちも大喜びである。でも、それで選手たちの気持ちがすっかり浮ついてしまった。3回戦に向かうバスの中で調子に乗っている選手たちを見て、私は「高校野球を舐めてもらったら困る。お前らが勝てたのはたまたま。高校野球はこんなもんじゃない！」と一喝した。

試合前のシートノックも、あえて私はしなかった。「相手に失礼だから、1時間以内に試合を終えて帰るぞ」と選手に言ったら、本当に0－10の5回コールド負けで試合はすぐに終わってしまった。

勝っても負けても相手をリスペクトする。その大切さを知ってもらいたくて、3

回戦ではちょっとした荒療治を行ったが、初の夏の大会では奇跡的な初勝利を収めることができた。至学館の「大物食い」の歴史は、この時から始まったといっていいだろう。

創部6年目に初の甲子園出場！

考えて野球のできる選手の多い世代は強い

創部以降、順調に部員は増えていき、競争力が増したおかげでチームの力も着実に伸びていった。県大会でも4回戦、5回戦進出が珍しいことではなくなり、私としても「4強の背中が見えてきた」という実感があった。そして迎えた2011年の夏、至学館野球部は創部6年目にして初の甲子園出場を決めた。

この時、春の大会でベスト8入りしていた本校は、シード校として夏の県大会に臨んだ。準々決勝では、同じくシードだった菊華と延長14回まで戦う死闘を演じ、2－1で勝利を収めた。続く準決勝では、全員野球を地で行く6投手による継投で豊川に10－7で勝利。決勝の相手は4強の一角である、愛工大名電に決まった。

名電には全国レベルの2年生エース・濱田達郎（中日ドラゴンズ）と1年生に東克樹（横浜DeNAベイスターズ）がおり、下馬評は圧倒的に「名電有利」の状況だった。

この決勝戦は両校にとって4連戦目にあたり、名電のエース・濱田は準決勝まで3連投していた。そんなこともあって、決勝戦の先発は2番手の東だった。うちはといえば、それまでの全試合を6人のピッチャーの継投でしのぎ、一人当たり1試合に50球も投げていなかった。私にとっては計算通りの決勝進出。4連戦とはいえ、ピッチャーは余力十分。名電よりも優位にある状況で試合に臨んだ。

私たちは前評判を覆し、先発・東と継投した濱田の攻略に成功し、4－3の1点リードで9回裏、名電最後の攻撃を迎えた。

ここで抑えれば悲願の甲子園である。だが、こういった土壇場でこそ名電のような伝統校は地力を発揮してくる。案の定というべきか、本校は名電に攻め立てられ、1アウト・満塁、一打逆転サヨナラの大ピンチとなってしまった。

この絶体絶命の状況で、うちのピッチャーは実に冷静に対応してくれた。私は伝令を送り「相手は打ち気だからストライクを投げなくていい。ボール先行でいいから低めの変化球で勝負しろ」と伝えたのだが、ピッチャーは続くふたりの打者をゴロに打ち取り、指示通りのピッチングをしてくれた。さらに野手陣も浮き足立つことなく、落ち着いてふたつのゴロをさばいた。普段から実戦を意識した練習に取り組んでいるのは、こういった土壇場でいつも通りのプレーをできるようにするためである。チームのメンバー全員がそれぞれの役割を全うし、至学館初の甲子園の切符をつかんでくれた。

この2011年の夏、さらに先述した2017年のセンバツ出場のメンバーには、それぞれ共通点がある。それは「考える野球」のできる選手が多かったということである。

考えて野球をすれば、野球というスポーツの奥深さが理解できて、「もっと野球を知りたい」という気持ちが湧き上がってくる。甲子園に出場したチームには「監督、もっと野球を教えてください！」という姿勢で、普段から練習に取り組んでいる選手が多かった。

遠征試合のバスは私や部長が運転しているが、その道中で私は選手たちに「野球にはこういうプレーがある」「こんな時にはこういったプレー（考え方）もある」といった具合に野球のセオリーだけでなく、相手の裏をかくような作戦やプレーも教えてあげるようにしている。

すると、「もっと野球を知りたい」と思っている選手は、先を争って私の近くに座ろうとする。中には喧嘩腰になって「ここは俺の席だ！」と言い争う選手まで出てくる始末。選手たちは私の話を聞きつつ、「だったら監督、こういう時はどうすれば？」「その時はこんなやり方もあるのでは？」と質問や意見を私にぶつけてくる。遠征の車内がこのような状況になる世代は間違いなく強い。私としては、今後もそのような選手たちがたくさん出てくるように、前向きに練習に取り組める環境作りをしていくだけである。

第2章

麻王流・指導論

――選手のやる気を引き出す教え方

私の指導方針

勝ったら選手のおかげ。負けたら監督のせい

高校野球、プロ野球を問わず、惜敗したチームの監督さんが「あと一本が出ませんでしたね」というようなコメントを残すことが度々あるが、私は敗戦を選手のせいにするこういった類いのコメントがとても嫌いだ。

「勝ったら選手のおかげ。負けたら監督のせい」

これが私の理念である。うまくいかなかったことの全責任は監督にある。だから2019年の秋の大会でも、力ある選手たちを勝たせてあげられなかった責任を取り、頭を丸坊主にした（もちろん選手たちにも「すまなかった。負けたのは君たちのせいではなく、私のせいだ」と謝罪した）。

先述したが、至学館野球部は「来る者は拒まず」が基本で、強豪校によくあるセレクションなどは一切行っていない。だから本校には「私学4強」などの強豪のセレクションで落とされた選手も多くやってくる。

入学した時点の力量でいえば、4強の選手が8〜10だとしたらうちの選手たちは4〜5、よくて6くらいの感じである。でもこの力量差を埋め、強豪を倒すことに私は生き甲斐を感じている。

強豪のセレクションを落とされた選手は「なにくそ」の精神を持っているから、向上心も強い。だから私から野球の考え方を学び、練習への取り組み方次第で自分の力量がどんどん伸びていくことを知った選手たちは「監督、もっともっと教えてください！」とより貪欲に野球を学ぶようになる。すると徐々に、選手たちは私に教えを請うのではなく、自分たちで考えて動くようになる。こういった選手をひとりでも多く生むことが、監督としての私の仕事だと思っている。

この社会は競争社会であるから、みんな一緒、みんな平等ではない。社会で生き抜いていくには、自分の個性を生かしていく必要がある。「なぜ自分だけが不幸なんだ」と文句を言っても何も始まらない。不幸が嫌ならそこから脱するための努力をするしかない。選手たちには常日頃からそう話している。

長い人生を考えれば、高校の3年間などあっという間である。でもだからこそ、その儚い一瞬をどれだけ悔いなく、充実したものにするか。私もそうだったが、高校の3年間は後々の人生にとても大きく影響する。だから、私は選手たちの3年間をより充実したものにすべく指導に力を注いでいるし、強いチームにできなかったとしても、せめて選手たちが野球を嫌いになって卒業していくことがないように気を付けている。

もちろん甲子園には行きたいが、そこがゴールではない。本校の選手たちには「甲子園に流されず、長い人生を見定めて高校の3年間を過ごしてほしい」と事あるごとに伝えている。

選手の持ち味を育てて、生かす

チーム作りに関する私の方針は簡潔明瞭である。

「選手の持ち味を育てて、生かす」

選手はそれぞれに長所、短所があり、個性や考え方も異なる。そういった個々の選手たちを「右にならえ」で育てるのではなく、その持ち味を生かしつつ、「どうすればチームに貢献できるのか?」を考えてもらえるように育てていく。そうすれば選手たちは「自分に何が足りないのか?」を考えるようになるし、それができるようになると次の段階として「チームは自分に何を求めているのか?」も考えられるようなる。

高校野球で強いチームを作るには、選手たちがそういった考え方になるよう監督が導いてあげられるかどうかにかかっている。選手たちの力を生かすも殺すも監督次第。それほど、高校野球の監督の責任は重い。

基本的にはこのような育成方針でチーム作りをしているが、新入生に対しては「最初の一歩」が肝心なので特別な対応をしている。

1年生は、まず4月中は体力を向上させるメニューを座学で学び、実際に上級生と一緒にトレーニングをしたりして覚えてもらう。

さらにミーティングによって「高校野球とは何か?」「至学館のスタイルはどういうものか?」を理解してもらい、高校球児というよりは、ひとりの高校生、人間としてしっかりとした生き方をしていかなければならないことを伝えるようにしている（後述するが、さまざまなボランティア活動にも積極的に参加させるようにしている）。そしてその後、徐々に上級生との練習に加わっていくのが至学館の指導スタイルである。

また、うちのチームは部活動中の「上下関係」は一切なしにしている。だから、グラウンド整備や部室の掃除といったものも、学年隔てなく全員で行う。グラウンド整備などはレギュラークラスの上級生が積極的に行っているので、下級生もそういった上級生の姿を見ていろいろと学んでいるようだ。

部活動中の「上下関係」をなしにしているのは、私自身の経験を踏まえての上である。私は中京大中京の出身だが、当時（昭和）の野球部には厳しい上下関係があった。そしてその上下関係がもとで野球が嫌になり、部を去っていった選手がたくさんいた。だから少なくとも、私の目の届く範囲でそのような選手を生み出さないようにしよう。「上下関係なし」はそう思っての判断である。

表に出ない部分を評価し、ほめて伸ばす

本校のグラウンドには、野球部を卒業したOBたちが頻繁にやってくる。お手伝いしてくれる者もいれば、わざわざ挨拶だけしにやって来てくれるOBもいる。

このように、OBが卒業してもグラウンドに足を運んでくれるのは、至学館野球部を愛しているからだろうし、彼らの笑顔を見る度、私は今まで続けてきた指導が間違っていなかったことを実感する。

そもそも、本校の野球部に来る選手は中学時代に補欠だった選手が多い。いってみれば野球の劣等生であり、成功体験の少なかった子たちである。

でもそんな子たちでも、地道な努力と野球を研究し続けることで、中学時代にレ

ギュラーだった選手たちが集まる強豪校にも勝てるようになる。こういった成功体験があるからこそ、ＯＢの選手たちは卒業してからも野球部に愛着を感じてくれているのだろう。

監督やコーチといった指導者から見れば、それが「小さな成功」であっても、当の選手にとってはとてつもなく大きな成功体験だったりすることがままある。

だから私は、そういった「小さな成功体験」をなるべく見逃さないようにして、選手たちをほめるようにしている。この繰り返しが、選手たちの実力を伸ばすコツといってもいい。

私は、ホームランや走者一掃の長打といった「わかりやすい成功」はあまりほめない。そもそも至学館では、ホームランを打つような長打力はあまり求めていないし、バッティングは水物であるから、たまたま出た好結果を大げさにほめるようなことはしないのだ。

その代わり「その選手がバントで繋いでくれたおかげで得点できた」「好判断で

進塁を阻止したからその後の失点を防げた」というような、あまり目立たない陰に隠れてしまいがちなプレーに関して、私は大げさすぎるくらいに「ありがとう!」とジェスチャー付きでほめる。

練習中であっても、一生懸命練習する選手たちの中で、誰にも気付かれないようなさり気ない気配り(例えば道具の準備や片付けなど)によって練習効率を高めてくれている選手がいれば、あえてほかの選手たちに「みんなもこいつを見習えよ」と言い、間接的にほめたり、評価してあげたりするようにしている。

ホームランや長打といった大きな成功、わかりやすい成功に人の目は行きがちだが、高校野球の指導者はすべての選手のやる気を引き出すべく、もっと小さいところ、目立たないところに目を向け、選手をほめてあげるようにしなければいけないと思う。

座禅

一球に対する集中力を磨く

部活動中は、常に動いている選手たちに「静」の大切さを教えるため、本校では週末の練習試合前に必ず5分程度の「座禅」を行うようにしている。

豊かな現代社会に生きる若者たちは、望めば大抵のものが手に入る環境で育ってきたため、総じて「我慢」というものをあまり知らない。

選手たちにとって座禅で動きを止める、じっとしているというのはある意味ストレスである。

しかし、あえてストレスを与えて我慢させることでそれが脳への刺激となり、選手たちの集中力が養われるだけでなく、各々の中で眠っていた可能性を引き出すことにも繋がっていく。

心を落ち着かせる。集中力を高める。座禅にはこういった効果があるが、私が座禅を行う目的はほかにもある。

座禅している選手たちを後ろから眺めていると、悩みがあったり、体調が優れなかったりする選手は頭や体にちょっとしたブレや揺れを見せる。だから座禅をした後、ブレたり揺れたりしていた選手には声をかけ、フォローするようにしている。すると、選手たちの口から「家庭がうまくいっていない」とか「実は最近体のある部分の調子が悪い」といった悩みや本音が飛び出してくることも多い。

このように、座禅は選手たちにとっては集中力を高める練習であり、私にとっては彼らの内面を知る大切なバロメーターでもあるのだ。

2011年の甲子園行きを決めた県大会の決勝・愛工大名電戦は試合中、雨で2時間以上中断する場面があった。

普通の高校生であれば、2時間以上もゲームが中断したら集中力は間違いなく途切れる。だが、うちの選手たちは途中で30分ほど座禅をしたことで集中力をより高め、試合再開後もそのままの精神力、集中力で試合に戻ることができた。今考えると、あの時座禅をしていなければ私たちは集中力を切らし、愛工大名電という強豪校の伝統力に屈していたかもしれない。

座禅を続けていくと、1～2年生の頃は体がブレがちだった選手でも、3年生になると見違えるほどに「静」を体現できるようになったりする。座禅の姿勢がよくなると、不思議とそれはプレーにも表れる。選手たちの座禅を長年見てきて、座禅の質とプレーの質は比例するといっていいと思う。座禅をした時、全体がすぐにピッと「静」に入ることのできる世代はチームとしても強かった。

また、ちょっと手法は異なるが、集中力を高める練習としてたまに硬式のテニスボールを2個積ませたりすることもある。

ボールの上にボールを乗せるのは、接点が小さいので思っている以上に難しい。「できなかったらスクワット100回」などのペナルティを課すと、選手たちも真剣になり、それが集中力を高めることに繋がる。

集中力を高めるには、座禅以外にもテニスボール積みのように遊び感覚でできるものもある。みなさんにもぜひお試しいただきたい。

高校野球は社会人になる前の人材育成の場

技術の向上を目指すには、心の成長も伴わなければならない。これは若い世代にはとくに必要な概念だと思う。

心技体を伸ばす上で、私がどんなに説明をしたところで、選手自身にそれを理解、吸収するための受け皿がなければ意味がない。そこで至学館では、1年生のうちに人としての「器作り」を積極的に行っている。

高校の部活動にありがちな、軍隊のような上下関係からは何も学べない。本校が1年生の器作りのために行っているのは、主にボランティア活動である。高校は義務教育ではない。高校生は、生きる道を自分で切り開いていく必要がある。そこで、学校では学べない、社会のいろんなことを学んでもらうために、1年生にはボランティア活動をさせるようにしているのだ。

障害者スポーツセンターでの活動は定期的に行っており、車椅子バスケや車椅子卓球の球拾い、手足の不自由な方々の散歩の補助といったお手伝いをさせていただいている。

また、年に一度行われる名古屋シティハンディマラソンではランナーの伴走、車椅子マラソンのほうでは車椅子を押す役割や、イベント運営のサポートなども担っている。

こういったボランティア活動を一年を通じて行うことで、それまで自分のことだけしか考えずに生きてきた1年生たちは、社会にはいろんな人たちがいることを知り、相手を思いやることの大切さを身をもって学ぶ。この尊い経験が人間性の器となり、2年生になった時に野球技術の向上に大いに生かされるのである。

また学年問わず、全員で行っているボランティア活動としては「河川敷のゴミ拾い」がある。これは、至学館のボランティアクラブが主体となって進めている活動に、野球部がお手伝いという形で参加させてもらっているものだ。

全部員を何組かに分け、ローテーションを組んで学校周辺の矢田川や庄内川などのゴミ拾い活動に参加させている。

こういった活動を続けているからだろうか。野球部の選手は毎日学校に通う中で、通学路に落ちているゴミなども自然に拾えるようになる。道端に落ちているゴミに気付くという「気付き」は、野球をプレーする上でも大きな力となる。

野球は「多くのことに気付けたほうが勝つスポーツ」であるといってもいいだろう。相手の気配を察し、先手先手を打つ、あるいは相手の次の攻撃に備える。こういったことのできる選手が多ければ多いほど、そのチームは強くなって当然である。

「鉄は熱いうちに打て」ということわざがある。高校生も、よりよい人間性を形成していくためには、早い段階から多くの経験を積んでいくといいと思う。

選手との距離感を縮める

日常の接し方と交換日誌

私が、日々選手たちに問いかけているのは「君たちが追い求める高校野球は何だ？」ということである。

一生懸命やるのは大切だが、ただやみくもに練習するだけではいい結果は付いてこない。甲子園に出ることがすべてではないが、4強に勝つ野球をするにはどうしたらいいのか？　それを私は選手たちそれぞれに考えてもらうようにしている。

また、本校では選手たちと指導者の意思疎通を図るため、選手たちに毎日「交換日誌」を書かせている。

人数が少なかった頃は私ひとりで部員すべての日誌に目を通し、それぞれに返事を書いていたが、100名を超える大所帯となった今、すべてに私が対応するのはなかなか難しい。そこで、基本的にAチームは私が、BCチームはコーチたちに見てもらうようにしている。

選手たちが日誌をつける上での決まりごとがいくつかあるが、それは次の通りである。

・丁寧に書く

相手が読みやすいように、丁寧に書くことが重要。字が下手でも丁寧に書いた文章は相手に気持ちも伝わる。

・よかったこと、うれしかったことを入れる

日誌を書かせると「ここがよくなかった」「ここがダメだ」と反省や欠点ばかりをあげつらう選手が多くなる。でもそうではなく、今日一日を過ごした中でのうれしかったことや楽しかったこと、喜びなどを書くようにと伝えている。

・質問を書く

どんなに初歩的なことでもいいので、疑問に思ったことがあればどんどん監督、コーチに聞くように。「聞くは一時の恥、聞かぬは一生の恥」である。

・個人の目標やチームとしての目標など、大小いろいろな目標を立てる

春、夏、秋、それぞれの大会に向け、逆算して大小いろいろな目標を立てる。個人の目標であれば成績でもいいし、体力的なこと、精神的なことなど何でもいい。「目標・優勝！」は聞こえがいいが漠然としすぎているので、そこに向かうための細々とした目標をそれぞれに立てさせる。

以上が日誌を書く時の大まかな決まりごとである。毎日日誌を書くことが日課となれば、選手たちの中に自然と「考える力」が育まれていく。そうすると「日誌を忘れるな」などと私が言う必要もなくなる。選手たちが自発的に考えて動く。それが強いチームを作る上で大切なことなのだと思う。

第3章

強豪を抑え込むピッチャー育成術

強豪を抑えるには多彩なピッチャーが必要

ベンチ入り投手枠、理想は6名

前章で述べたように、うちのチームには4強のセレクションで落とされた選手から、高校で初めて野球に本格的に取り組むようになった初心者まで、いろんな選手が入部してくる。

県内トップクラスの選手は、そのほとんどが県内の4強か県外の強豪校に行ってしまうため、本校には140キロ台のストレートを投げるような剛速球投手はやって来ない。

ないものねだりをしてもしょうがないし、120キロのストレートしか投げられないピッチャーが、強豪校の強力打線に真っ向勝負を挑んでも勝ち目はない。そこで、うちのチームには個性を生かした「変則ピッチャー」をできるだけ多く揃えるようにしている。

そんな理由から、至学館の投手にスピードは求めない。だからほとんどがストレートのMAXは120キロ台、よくてたまに130キロを投げるピッチャーがいるくらいのものである。

理想を言えば、ベンチ入りメンバーに6名のピッチャーがほしい。2011年夏に初の甲子園を決めた時、うちには右にオーバー、スリークォーター、アンダーの3名、左にオーバー、サイド、アンダーの3名、左右合わせて計6名のピッチャーを揃え、ほとんどの試合を6名の継投で繋ぐ野球で勝ち上がった。左右&上から下まで多彩な投げ方のピッチャーがいたため、当時はマスコミから「千手観音のごとき投手陣」と言われたものだ。

現代の野球は左打ちの強打者の割合が高いため、高校野球でも左ピッチャーの存在は重要である。だから私は新入生で左利きの選手がいたら、ピッチャー経験のない選手であっても一度はピッチャーをやらせてみる。もちろん、右利きでも「あ、この子の癖のある投げ方はピッチャーにしたら面白そうだ」と思ったら、野手からピッチャーに転向させることも珍しいことではない。

私がピッチャーにもっとも求めるのは、「変化球でストライクが取れること」である。決め球はなくてもいいので、変化球のコントロールがいいピッチャー。強打者を抑えるための最低条件といってもいいだろう。

ピッチャーに覚えさせる変化球は、うちではフォークとツーシームが定番となっている。また、「ボールの縫い目をうまく使った〝動くボール〟を投げられるようになりなさい」とも伝えている。

ボールの握り方の基本などは私から伝えることもあるが、基本的にはピッチャーそれぞれに「自分にもっとも合った握り方」を考えさせるようにしている。その上で、最低でも3種類の変化球を投げられるように育てていく。

強打者を打ち取るためには、バッターが「このピッチャーは嫌だ、打ちにくい」

と感じてもらうのが一番である。だからサイドやアンダーなどに投げ方を変えてみたり、あるいはボールの出どころがわからないような腕の振り、テイクバックを用いてみたり、踏み出す足をインステップにしてみたりなど、選手たちと試行錯誤を重ねながら「バッターの嫌がるピッチング」を作り上げていくようにしている。

コントロールをよくするピッチング練習とは？

前項で投手枠の理想は6名と申し上げたが、これはベンチ入りの人数である。普段は3学年合わせてその5倍、約30名のベンチ入り候補となる投手陣が練習を行っている。

30名がピッチング練習をするとなると、ひとりの選手が長々とブルペンを占拠するわけにもいかない。そういった理由から、本校ではブルペンでのピッチング練習は「5秒に1球投げる」ということが義務付けられている。

これは、より実戦に近いピッチング練習ともいえる。試合中、ピッチャーが一球一球、間を取って考えながら投げている暇はないし、そういったピッチングは野手陣のリズムを崩し、エラーを誘発することにも繋がる。だからポンポンとリズムよく、試合を想定したピッチング練習を普段からしなければならない。

さらに私は、前項で述べたようにピッチャーには正確なコントロールを求める。常日頃から「ベンチ入りしたいなら、フォアボールを出さないピッチャーになりなさい」と言い続けている。

そもそも、フォアボールとはピッチャーに与えられたペナルティである。野球で失点に絡む多くの理由がフォアボールなのだから、負けない野球をするためには「いかにフォアボールを少なくするか」がカギとなる。

プロ野球ではどんなにいいバッターでも打率は3割だが、高校野球では強豪チー

ブルペンでの指導風景。コントロールの悪いピッチャーは、足を上げた時に軸足の膝が曲がっていることが多い。そういったピッチャーに麻王監督は「軸足を伸ばす」ことを意識させるという

ムの中には5割、6割を打つバッターも珍しくない。

しかしその5割、6割を打つ素晴らしいバッターであっても10回中、4回は失敗しているわけだ。だからピッチャーは、すべての打席を抑えようとせず、「4回の失敗のうちの1回」をさせるようなピッチングをしていけばいいのだ。

うちのチームには初心者のようなピッチャーもいるため、そういった選手のコントロールを付けるために「ラインスロー」という練習を行っている。

「ラインスロー」は、ピッチャーからキャッチャーまでの間の地面にロープを張り、そのロープに沿ってボールを投げるようにする練習である。ボールをリリースするポイントのあたりからホームベースのアウトコースへとロープを張り、ピッチャーはそのラインに沿ってボールを投げるようにするのである。

初心者のピッチャーは、ロープの「線」が目印となってボールが投げやすくなる。18・44mの距離で投げるのが厳しい選手は、最初は13m、14mのあたりからまずは投げさせる。そしてその距離で狙ったコースに投げられるようになったら、15m、

16mと徐々に距離を伸ばしていき、最終的には正規の距離（18・44m）で投げられるように鍛えていく。

また、バッターの絵を描いた人形をバッターボックスに立たせるのも、コントロールを磨く上でとても有効である。ピッチャーは「バッターにぶつけたくない」という心境から、なかなかインコースを積極的に攻められないものだが、人形ならば何も気にせずインコースを突くことができる。

本校では、このように工夫していろんな練習に取り組むことで、ピッチャーのコントロールを磨いている。

インコースのコントロールを磨くには、このようなバッター人形を用いるのがおすすめ。これだと、インコースに思い切って投げ込める

強打者を打ち取るためのピッチング

ピッチャーというのは、「速いボール」を投げたいとどうしても思ってしまうものである。でも、私はここまで何度も述べてきたように、うちのピッチャーに「球速」は求めていない。だから、速さを追い求めているようなピッチャーに対しては「130キロも投げられないのに、130キロを目指してただ思いっきり投げただけのボールは、強豪チームのバッターにとっては〝一番打ちやすいボール〟になってしまうんだよ」と教えている。

私の考える、強者に勝つためのピッチングの要点は次の通りである。

1　コントロール（とくに変化球でストライクが取れる）

2　緩急（ストレートと緩い変化球という組み合わせだけではなく、速い変化球と遅い変化球を用いた緩急も使う）

3　フォーム（オーバー、スリークォーター、サイド、アンダーといったフォームのほか、腕の振り、足の上げ方、足の踏み出し方など）

4　プレートを踏む位置（一塁寄り、真ん中、三塁寄りとバッターによって使い分ける）

もちろん、これ以外にも細かいことはいくらでもあるが、主だったものはこの4つのポイントであり、これらを組み合わせていくことで「バッターが打ちづらいピッチング」のバリエーションをいくらでも増やしていける。

また、変化球を投じる際にバッターと目を合わせて投げると、バッターはインコースに投球が来るように錯覚してくれる。こういった心理的な駆け引きも、相手を抑える上でとても重要なポイントとなる。

また、バッターによっては、ピッチャーが投げる直前にキャッチャーのミットの位置を盗み見る者もいる。

こういったバッターに対処するには、キャッチャーが構え方を瞬時に変えていくしか方法はない。バッターの盗み見を逆手に取り、構えたところとは逆のところにピッチャーに投げさせるためのサインなども考えておくといいだろう。

ここまで私が挙げた強打者を打ち取るためのピッチングは、あくまでも「基本」であるし、至学館のやり方であるから、これが万人に共通した「正解」ではない。チームによって、あるいはそれぞれのピッチャーによって、強打者を抑えるためのポイントや方法はいろいろとあると思う。それを考えながら自分なりの「強打者を抑えるピッチング」を模索していくことが、ピッチャーの醍醐味といえるのではないだろうか。

失点を防ぐための クイックモーションの重要性

失点を防ぐには、「ランナーを先に進めない」という守備の考え方がとても重要である。その上で、バッテリーが盗塁を防ぐ技術を高めることは、欠かせない要素となってくる。

プロの世界では、ランナーの二塁への盗塁のタイムは速い選手で3・2秒ほどといわれている。ピッチャーがセットポジションからクイックモーションで投げ、ボールがキャッチャーに届くまでが約1・2秒。キャッチャーがボールを捕ってから二塁に投げて届くまでが約2秒。つまり、プロの世界ではランナーもバッテリーも、3・2秒をいかに「削るか（短縮するか）」の勝負を繰り広げているわけだ。

ピッチャーの球速も、キャッチャーの技術もプロより劣る高校野球では、３・２秒よりも平均タイムは落ちるだろうが、「コンマ何秒をいかに削るか」というポイントに関してはプロと同じである。

そこで私は、本校のピッチャーには「うちのキャッチャーは、プロ野球選手のような肩があるわけではない。だからピッチャーがクイックモーションを覚えなければ、盗塁がフリーとなってしまう。投げづらく感じたとしても、クイックモーションを覚えなさい」と指導している。

クイックモーションのコツを、右ピッチャーの場合でご説明したい。通常、セットポジションに入った際の重心は両足に同等のバランスとなるが、ファーストにランナーがいる場合はクイックモーションとなるので重心が左足に来る。

そしてマウンドの傾斜も利用して投げるため、左肩はやや下げ気味に、グラブの位置は両肩のラインくらいまで上げ、牽制の時にすぐにボールが投げられる体勢を作るようにする。

これが普通のクイックモーションだが、より速い「スーパークイック」をするには、元横浜ＤｅＮＡベイスターズの久保康友投手のように、セットに入った時に大股（スタンスを思い切り広げる）で構え、重心などは先述の通りでそのまま踏み出して投げる。

スーパークイックは一件難しいように見えるが、ピッチャーの投げるボールにスピードを求めなければ意外と誰でもできる。うちのチームはピッチャーに球速を求めていないので、スーパークイックもみんなわりとすぐに習得する。

そういったクイックの基本をしっかりと覚えた上で、次の段階として相手ランナーを油断させるための「踏み出す足（膝）を一度高く上げる」（右ピッチャーの場合は「このタイミングでは絶対に走ってこない」というタイミングであえて用い、左ピッチャーは牽制で刺しやすくするために使う）というトラップ的なモーションも考えながら使いこなせるようになれば、失点はより防げるようになるだろう。

限られた時間を有効に使うピッチャーの練習方法

先述したように、うちには30名を超えるピッチャーがいるため、基本的にブルペンでは「5秒ピッチング」が基本になっている。5秒に1球投げるようにすれば、10分もあれば100球を投げられる。

5秒ピッチングによってテンポのいい投球が身に付いていけば、それは必ず試合で生かされるし、野手もリズムよくプレーができるようになる（それは好プレーを引き出すことにも繋がる）。

また、ブルペンでは短い時間を有効に使うために、それぞれのピッチャーに状況設定をしながらピッチングをすることも指導している。

状況設定とは、「3ボール、0ストライクから三振を取る」「ランナーが各塁にいることを想定し、牽制を入れながら投げる」といった具合である。ここに、バッターの絵が描かれた人形などを立たせてピッチングをすれば、より実戦に近くなる。要は、常に実戦を意識したピッチング練習をすることが大切なのだ。

このように、本校ではピッチャーがブルペンにいる時間は短いので、それ以外の時間をどのように使うかが非常に重要となってくる。

鳥かごを使ったバッティング練習の際、ピッチャーはわざと足元を不安定な状態にして投げたりすることもある。これは、飛び箱の踏み切り台（ロイター板）の上に体操のマットを敷き、そこでピッチャーがバッターに向かって投球するのだが、こうやって足元を不安定にすることで、体は下半身と上半身のバランスを取りながら投げようとする。そうすると体幹とバランス感覚が鍛えられ、実際のピッチングでもブレのない投げ方ができるようになるのだ。

同じような意味合いで、バランスディスク（直径約30センチほどの円形のやわら

25mプールを潰した跡に造った鳥かごと4カ所のブルペン。鳥かごを使ったバッティング練習では、投手も野手もわざと足元を不安定な状態にして、投げたり打ったりするなど工夫を凝らしている

かいディスク）の上に片足を乗せ、ピッチングで足を上げた時の姿勢を保つトレーニングも行っている。

ここに挙げた以外にも、それぞれのピッチャーが独自に考えた練習メニューも存在する。ピッチング練習にしろ、トレーニングにしろ、指導者に押し付けられる練習ではなく、選手自身が「自分には何が足りないのか？」を考え、それを補うための練習をしていくことがもっとも重要なのだ。

投手陣の練習メニューは学年ごとの体力に応じて

投手陣は短距離ダッシュ、坂道ダッシュといったランメニューのほかに、ストレッチを含めた筋力トレーニング、さらに後でご紹介するマシントレーニングなどを毎日行っている（P187参照）。

ランメニューの時、私がもっとも気を付けているのは、基本中の基本である「走り方」を選手たちにしっかりと理解させることである。

どんなにランメニューをこなそうとも、間違った走り方をしていたら効果が半減してしまうだけでなく、体のどこかに負担がかかり、それが故障の元になってしまう可能性もある。だから本校の選手たちには走り方の基本を徹底して教え込む。

近年の選手たちに一番多いのが、腰が落ちてしまっている走り方だ。姿勢が前かがみになってしまうと腰が曲がり、走る時に腰が通常よりも下がった位置となる。腰が落ちることで、必然的に膝にも負担がかかった走り方となってしまう。

正しい走り方は背筋が伸び、軸が立った状態である。そして腕も肘を90度に曲げ、前後に真っ直ぐ振る。腕の振り方を正しくするだけで、インナーマッスルが同時に鍛えられ、肩や肘も故障しにくくなる。正しい走り方は体を強化できるだけでなく、故障しにくい体作りにも役立つのだ。

また、投手陣の筋トレは選手を学年ごとに3班に分け、体力に合った練習（時期によって内容、ボリュームは変わる）を行うようにしている。選手たちは、クラブハウス内のホワイトボードに記されたメニューをこなす。

メニューはその時期によって異なるが、例えばこんな具合である。

［投手メニュー8種］

・開脚（前・右・左）30秒
A…3セット、B…2セット、C…1セット

・スナップ強化
A…リストカール20キロ10回×3、B…同10回×1、C…ソフトボール

・上半身捻り（10キロおもり or メディシンボール）
A…10キロ10回×3、B…同10回×1、C…メディシンボール10回×3

・四股　A…20回×3、B…20回×1、C…10回×1
・片足スクワット　A…10回×3、B…10回×2、C…10回×1
・片足ランジ（左右）　A…シャフト10回×3、B…同10回×2、
C…自重10回×1
・片足ランジジャンプ（左右）　A…シャフト10回×3、B…10回×2、
C…自重10回×1
・肩甲骨（上中下）　A…20回×3、B…20回×2、C…20回×1

いずれのトレーニングも、その基本姿勢が間違っていたら効果が半減してしまう。まずは自分の走り方が基本通りにできているかどうか。その点からチェックしてみるといいと思う。

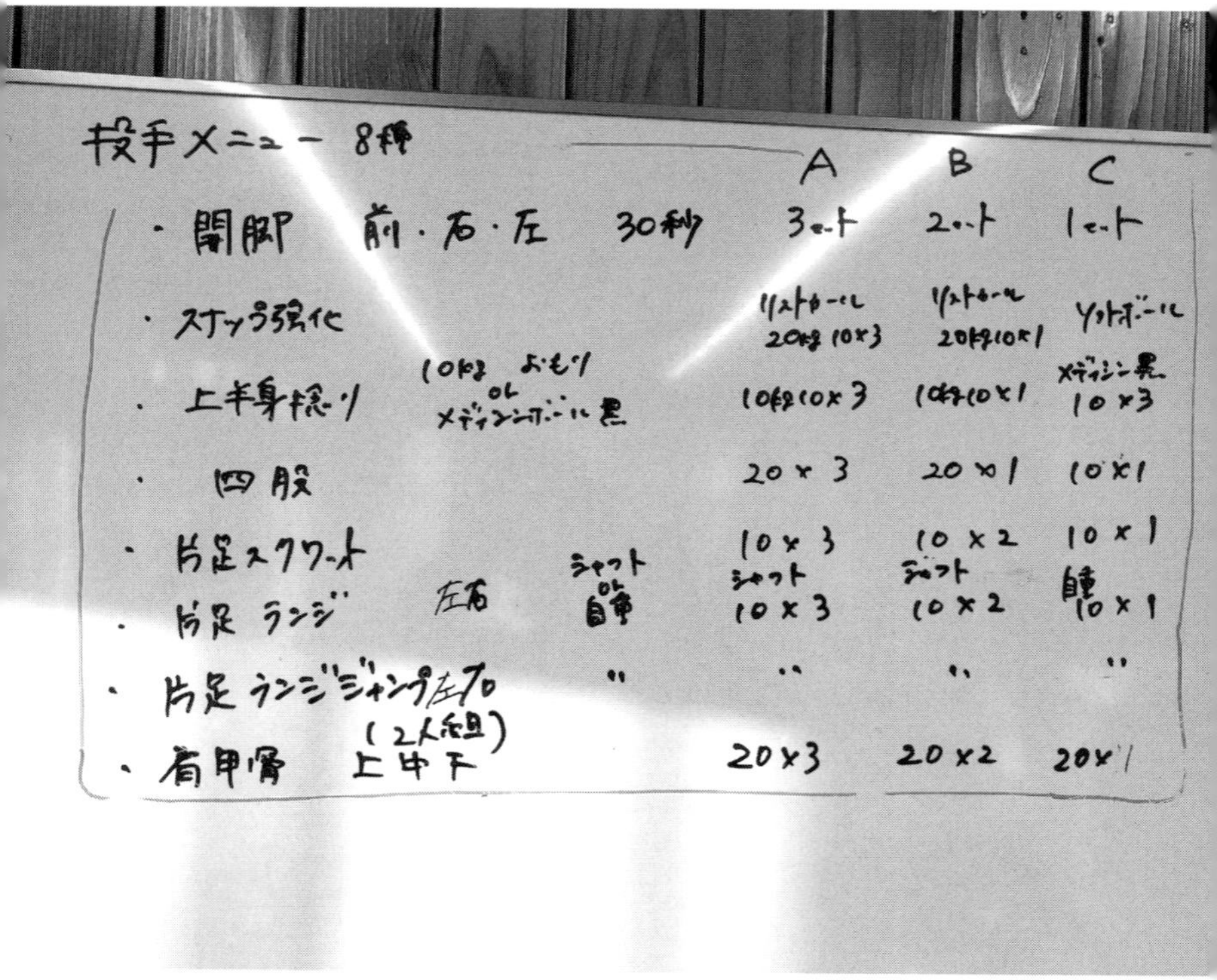

クラブハウス内にあるホワイトボードに記された投手練習メニュー。
選手それぞれの体力に合わせて練習量を増減させている

第4章

至学館野球の神髄「継投野球」

先発要員2名を軸に、継投を考えていく

本章では至学館の神髄ともいえる「継投野球」の本質、仕組み、考え方などについて詳しくご説明していきたい。

前章でも少し触れたが、私の理想はベンチ入りメンバーに6名のタイプの違うピッチャーを揃え、ワンポイントの継投なども挟みながら、すべてのピッチャーを使い、試合に勝つことである。

近年、学童野球、少年野球、高校野球以外にも、一部の大学野球（首都大学野球連盟）などで「球数制限」が取り入れられるようになってきているが、本校にとってこの流れは今までやってきたことと何ら変わりなく、至学館の野球に全く悪影響

を及ぼさないどころか、それによって4強などの強豪校の戦い方は変わってくる（150キロを投げるスーパーエースの先発・完投というパターンが少なくなる）と思うので歓迎すべきものである。

至学館では、6名のタイプの異なるピッチャーを育成しながら、その中から先発要員としての2名を軸としてその後の継投を考えている。

2名の先発を用意するのは、相手チームに「どっちが来るんだ？」と思わせる意味合いと同時に、野球では何が起こるかわからず、例えば投じた初球がピッチャーライナーで投手がケガをして、そのまま降板という事態もあり得る。そういった際に慌てずに済むよう、危機管理の一環として必ず2名の先発候補を作るようにしているのだ。

先発2名を決め、その後ろは中継ぎ、抑えと配置する。中継ぎは1イニング、場合によってはワンポイントで代えていくこともうちの場合は結構多い。

突然のワンポイントの継投などをすると選手が戸惑うのでは、とお思いの方もいらっしゃるかもしれない。しかし、本校では普段の練習試合でワンポイントの登板などを多用しているため、中継ぎ陣も「そろそろ監督に呼ばれるだろうな」と気持ちの準備ができている。だから私が「いくぞ」と言えば「待ってました！」とばかりに中継ぎ陣はマウンドに飛び出していく。

先発、中継ぎ、抑えはそれぞれの選手の性格、適性、ピッチングの特徴などを加味しながら決めていく。

先発ピッチャーの適性でもっとも欠かせないのは、やはりコントロールである。ゲームを壊さず、流れをうちに持ってこられるような安定感のあるピッチングのできる投手が先発候補となる。

中継ぎはワンポイント登板もあるため左ピッチャーがわりと多く、右ピッチャーであればサイドスローやアンダースローなどの変則的なピッチャーが最適である。

抑え投手はプレッシャーのかかる場面での登板が多くなるため、精神的な強さが求められる。ピッチング的には、そこそこの速いストレートと落ちる系のボールを持っているとベスト。ただ何度も言うように、本校には140キロ台のストレートを投げる剛腕ピッチャーはなかなか入ってきてくれないので、球速に関して高望みはしない。

普段の練習試合は午前、午後とダブルヘッダーを行うことが多いのだが、うちは両試合ともにピッチャーを同じパターンで登板させることをよくやる（投手陣の呼吸を合わせるという意味合いだけでなく、野手陣にもそのリズムに慣れてもらうため。詳細は後述）。

そして毎週毎週、その順番を入れ替えたりしていくことで、投手陣の化学反応が起こり、思いもしなかった好結果を導き出したりしてくれることがある。だから、常日頃から私は選手たちに「練習試合は君たちの化学反応を見ていく、実験の場。だからいろんなパターンに対応できるよう、気持ちの準備はしておくように」と伝えている。

練習試合を繰り返す中で、どういった組み合わせの継投がいいかを探り、「これだ」というパターンが見つかったらそれを公式戦に生かす。継投での戦い方は、基本的にそういったやり方を取っている。

継投重視野球の肝はキャッチャー

本来、野手の「守りやすさ」を考えれば、ピッチャーはあまり代わらないほうがいい。これは野手の守備において、ピッチャーと呼吸、リズムを合わせることがとても重要であり、それは常日頃の「慣れ」が大きく影響してくるからである。

そんな理由もあって、本校では前項で述べたようにダブルヘッダー両試合ともに「同じ組み合わせの継投」で試合をすることが多い。これもひとえに、野手たちが少しでもピッチャーに慣れてほしいからだ。

「このピッチャーの特徴はこうだから、打球はこっちに飛んでくることが多い」

「こういうカウントになったら、こういう球種を投げる」

そういったことを肌感覚で理解するには、やはり何度もそのピッチャーと一緒に戦うことが必要で、慣れれば慣れるほど、ピッチャーと野手の呼吸は合っていく。だから私は、野手たちにいつも「とにかく練習試合で慣れるように」と話している。

ここまでご説明してきたように、至学館の野球の基本は継投野球であり、全員野球である。そしてその野球を実践していく上で、一番の肝となるのはやはりキャッチャーだといえよう。

私が望むキャッチャーのタイプは、野球をチームの誰よりも知っていて、なおかつ動きが機敏、フットワークのいい選手だ。世間一般のキャッチャー像とはちょっと離れているかもしれないが、私は「キャッチャーとセカンドを兼用できるような選手」をキャッチャーの理想と考えている。

キャッチャーは守備時のおける「グラウンドの監督」である。だから、私はキャッチャーの指導においてはほかの野手たちよりも数倍厳しく接する。

試合中のベンチ内では、キャッチャーは常に私の近くに座り、私の考え方などをそこで吸収してもらうようにしている。また、時には泣き出すくらい厳しく叱ったり、問い詰めたりすることもある。すると、キャッチャーの選手は悔しくて泣く。私は選手たちが成長する上で、「泣くくらいの悔しさを感じる」ことはとても大切だと思っている。だから、守備の要である本校のキャッチャーには一番厳しく接するのだが、それもこれもうちのチームはキャッチャーにかかっているという気持ちの表れである。

そうやってキャッチャーに厳しく接していると、3年生になった頃には私の考え方をしっかり理解してくれるようになる。すると試合中でも私が多くを説明する必要はなくなり、アイコンタクトで私のしたいことを理解してくれるし、グラウンド内の「監督」として野手に的確な指示が出せるようになる。いいキャッチャーのいる世代は間違いなく強い。それは私の経験からもはっきりと言える。

普段の練習時からキャッチャーとは密なコミュニケーションを図っていくことで、監督が目指す野球を理解してもらうことができる

本校の歴代キャッチャーたちは、みんな泣きながら育っていった。それは至学館の継投野球のベースでもあるので、きっとこれからも変わらないと思う。

練習試合こそプレッシャーを感じて臨め

至学館で、選手たちが指導者に自分をアピールする場は、練習ではなく練習試合である。

現在の野球部は100名を超える大所帯のため、毎週末の練習試合はこの100名をA、B、Cの3つのグループに分け、ホームグラウンドと遠征を使い分けて行っている。

チームの編成も、土曜日の内容次第で日曜日に選手を入れ替えるなど、選手のやる気を刺激するように心掛けている。

校内での生活は授業態度やテストの成績、あるいは役員を務めるなどいろんなアピールの方法があるが、野球では試合で結果を残すしかない。だが、これは結果至上主義の考え方とは違う。

選手たちにいつも口酸っぱく言っているのは、自分をアピールするには選手自身が方法、やり方を考え、普段の練習から結果を出すための行動を自主的にしていかなければならないということである。

自分なりのやり方に気付くことができた者が、最後は勝ち残っていく。それが実力の社会である。だから1年生でもいろんなことに気付ける選手は、早くからAチーム入りを果たしたりすることも珍しくない。

自分の代わりはチーム内にいくらでもいる。練習試合でミスをすればすぐに落とされる。だからミスは絶対に許されない。そういったプレッシャーを普段から感じながらプレーしているからこそ、うちの選手たちは公式戦でリラックスして持ち前の力を発揮できているのだと思う。

普段から自分で考えて練習に取り組んでいると、試合でも考えたプレーができるようになる。

だから本校では、試合中に選手のほうから「こうさせてください」というサインが送られてくることが当たり前となっている。

例えば、足のそれほど速くない選手が「盗塁させてください」と私にサインを送ってくる。選手から送られてくるサインには必ず根拠がある。こういった「盗塁させてください」の根拠として多いのは「ピッチャーが次はカーブを投げるはずだから」というパターン。これも、相手バッテリーの配球を試合中にしっかりとチェックしているからできることであり、練習試合といえども、気を抜いている暇などうちのチームには一瞬もないのである。

「考える野球」を身に付ける

そもそも、本校が「考える野球」を実践するようになったのは、他校のようにしっかりと練習できるグラウンドがなかったからである。練習不足の部分は考えることで補う。選手たちがそういった思考回路を身に付けてくれたおかげで、2011年夏と2017年春の甲子園出場が果たされたのだと思う。

前項でご説明したような状況のため、選手たちは「公式戦よりも練習試合のほうが緊張する」と言う。チームでのサインプレーや状況判断など約束事は多々あるが、Cチーム、Bチーム、Aチームと実力が上がっていく中で、選手たちには「考える野球」を身に付けていってもらえればいいと考えている。

今では野球部専用の立派なグラウンドもあるので、練習も十分にできるようになったが、至学館の基本である「考える野球」は変わらない。

私は時に一般的なセオリーをまったく無視した、相手チームが驚くようなサインを出すことがある。

そういった瞬間にうちの選手が対応できるのは、普段から私の采配に触れているからであり、さらに自分の頭でも考えて野球をしているから「次のサイン」が読めるようになっていくのだ。

Aチームなどでは、「次」だけでなく「次の次」を見越したサインを出したりすることもある。1年生などが見たら「何が何だかわかりません」と言うが、それもC→B→Aと感性を磨いていくうちにだんだんとできるようになる。

試合でもっとも大切なのは「先を読む」ということである。

先を読むことは事前準備に繋がる。野球というスポーツは、その状況によっていくつかのパターンで区切ることができる。勝敗を分けるのは、事前にそのパターンを準備できているかどうか。あるいは、どれだけ多くのパターンを準備できているかである。

うちのような弱いチームが強豪校を倒すには、準備のための引き出しをどれだけ多く用意しているかが重要なポイントとなる。

一段、一段、ステップアップしていくようにチームを強くする。そのためにもこれからも至学館は「考える野球」にこだわっていく。

直感を大切にする感性野球
公式戦の勝敗のカギを握る職人さんの存在

練習試合でとことんプレッシャーを経験した選手たちは、公式戦では実にのびのびと楽しそうにプレーする。これは私が「公式戦は笑顔で楽しくやろう」と言っているからなのだが、それと理由はもうひとつ、選手たちが自主的に練習試合で自分たちを追い込んでプレーしているから、公式戦ではリラックスできるのだと思う。

本校では、公式戦で「職人さん」と呼ばれる各種部隊が裏方として大活躍してくれている。彼らの活躍を抜きにして、過去の勝利はいずれも語ることはできない。

公式戦での我々の合言葉は「ゲーム前に相手を丸裸にしろ」である。

私たちは、他校がよく行っているような事前の試合のリサーチなどはあまり行わない。相手を丸裸にするためにやるのは当日のチェックのみ。そこで、本校のベンチ入り20名の中の職人さんたち（だいたい2名）が、試合前に相手チームのリサーチをいろいろと行うのだ。

それぞれの職人さんが見る、主なポイントは次の通りである。

① ノックの様子を見る

・内外野の動き、肩の強弱などを見て相手の優れた点、弱点を探る

・守備隊形（浅め、深めなど）、連係プレーの質など

② ブルペンを見る

・ストレートの速さ、ボールの質
・球種、変化球の切れ具合
・どういう組み立てで来そうか（ストレート主体、変化球主体、追い込んだら決め球は何か、など）

ほかの選手たちがアップやミーティングを行っている最中に、職人さんたちはかなり細かく相手チームのチェックを行ってくれる。

主だったリサーチ結果を私たちに報告してくれた後、「ファーストの動きが悪いからセーフティーバント、プッシュは一塁側がいい」などとおすすめの情報も教えてくれる。

私が事前の試合のリサーチではなく、当日にリサーチを行うのは、選手たちにあまりに過度な先入観を持ってほしくないからである。

相手チームの状態だけでなく、球場の雰囲気や天候、そういったものを生で感じる力を磨いてほしい。言い換えれば「感性野球」といってもいいかもしれないが、とにかく選手たちには「考える野球」と同時にひとつのプレーから何かを感じ取ったり、察したりする「感性」を磨いてほしいと思っている。

感性を磨けば、あらゆる状況に臨機応変に対応できるようになるし、それが結果としてチーム全体の思考力にも繋がっていくのである。

第5章

4強を倒す戦術

——「思考破壊」と人材育成

至学館の真骨頂「思考破壊」

強豪と勝負するには心理戦に持ち込み、相手の思考を破壊するしかない

何度も繰り返しになるが、本校には150キロに迫るような剛速球を投げるピッチャーも、柵越えを連発する強打者もやって来ない。うちのような弱者が、甲子園常連の強者を相手に打ち合いを演じても、地力が違いすぎるので結果は見えている。

では、弱者が強者に勝つにはどうしたらいいのか？

力勝負を挑んでも強者に勝てるわけがないのなら、頭を使って至学館ならではの「技と策を駆使した野球」で勝負を挑むしかない。

ピッチャーなら本格派ではなく変則や技巧派を揃え、バッターも力任せの「長距

弄していく。

離砲」ではなく巧打の選手を揃え、機動力と小技、さらには奇策を用いて相手を翻

相手を惑わせ、「このチームは何をしてくるかわからない」と思わせる。

「次はいったいどんな手で来るんだ?」と疑念を抱かせる。

この「思考破壊」こそが、至学館の野球の真骨頂である。

私たちはいつもルールの範囲内、ギリギリのところで勝負している。例えば左ピッチャーの牽制も、ボークにならないギリギリのやり方を用いる。だが、愛知では「至学館はルールすれすれのことをしてくる」とすでに認知されてしまったので、新たなやり方を模索していく必要も生じている。

我がチームも、大阪桐蔭(大阪)や履正社(大阪)のように「超高校級」の選手が揃っていれば、わざわざルールすれすれのプレーをする必要もなく、相手に正面からぶつかっていく、あるいは相手を正面からしっかりと受け止めるいわゆる横綱相撲を取ればいい。

しかし、本校は大阪桐蔭や履正社とは違うので、頭を使って常に相手に揺さぶりをかけてやっていくしかない。これは、競争社会の中で戦っている零細企業の生き方と同じである。

近年、高校野球の世界では、バッターがファウルで粘るといった行為も否定されてしまうようになってきた。

本書で何度も述べているが、うちのようなチームはルールの範囲内で、相手チームの嫌がることをできる限りしていくしかない。その中で「ファウルで粘る」という行為は、弱者が強者と戦うための常套手段といっていい。

だから本校では、打力のない選手がファウルで粘り、フォアボールで出塁をしたりすると、監督である私がパフォーマンス付きで「よくやった！」とほめる。そうすると、ほかの選手たちも「あ、監督はこういう野球を求めているのか」と理解してくれる。先ほども言ったが、たまたまホームランを打った選手がいたとしても私はあまりほめない。至学館にとってホームランは偶然の産物であるから、そういったプレーはほめないのだ。

相手に「えっ⁉」と感じさせる奇策は次に生きる。「至学館は何かを仕掛けてくるぞ」と相手に警戒心を抱かせるのが、いわば私たちの野球なのである。

相手をだますために選手は劇団員になれ

ボケボケ作戦

弱者が強者を倒すためには、ルールの範囲内であらゆる策を駆使していかなければならない。本校ではベンチからの声がけでも、相手をだますためにいろんな使い方をしている（本当は企業秘密なので、あまり公にはしたくないのだが……）。

打席に立っているバッターに対して「積極的に行け」といって、実は初球は様子を見るとか、「じっくり見ていけ」と言いながら初球から振っていくとか、その程度の相手をだます声がけはほかのチームでもやっているところは多いだろう。

うちではバッターが打席に入る前、ベンチに向かってちょっとしたサインを送ることがある。例えば「初球はカーブを狙っていきます」というサインが来たら、ベンチはさもストレートを狙っているかのような助言（「振り遅れないようにな」とか「ちょっと開き気味でもいいぞ」というような声がけ）を行う。

バッターも、その時はバッターボックスの一番後ろに立つなどして、いかにも「ストレート待ち」の印象を相手バッテリーに与えつつ、カーブを待つ。このように相手をだますには、プレーヤーもベンチも一体となることが大切である。そういった策を試合の中で絶え間なく繰り出すことで、相手の思考を破壊していくのだ。

だからうちのベンチ入りメンバーは、演技のうまい劇団員がたくさんいるようなものだ。もし同じ力量の選手がふたりいたとしたら、私はいろんなことを察し、先を読み、相手をだます演技力のある選手をベンチ入りさせる。

そういった演技力という意味では、「相手の隙を突く」あるいは「相手をだます」

というディレードスチールを「ここぞ」という時に仕掛ける。私たちはこれを「ボケボケ作戦」と呼んでいる。

ランナー二塁のディレードスチール、あるいはランナー三塁のホームスチールといった奇策はたまに行うから奇策なのであって、度々行っていたら相手に読まれてしまって意味がない。

例えばランナー一・三塁の場面。ここでのディレードスチールは、まず一塁ランナーに悪いスタートの盗塁をさせる。キャッチャーは当然のことながら「刺せる」と思って二塁へ送球する。ここで三塁ランナーはまだスタートを切らない。なぜなら、このタイミングでスタートを切ってしまうとセカンドかショートに送球をカットされ、三塁ランナーが殺される可能性があるからだ。

そこで、本校の一・三塁の場合のディレードスチールは、こういうやり方をしている。一塁ランナーは楽勝でアウトのタイミングなのだが、二塁へスライディングする時、セカンドにいる野手のタッチが届かないくらいの、かなり手前の位置でスライディングをして、そのまま野手から逃げるようにファーストへ戻る。すると、野手は逃げた一塁ランナーをアウトにしようとして追いかける。この追いかけたタイミングで三塁ランナーはスタートを切るのだ。野手は三塁ランナーから完全に目を離しているので、ここまでくればかなり高い確率で三塁ランナーのホームインを期待できる。

「ここぞ」という場面でディレードスチールを行うために、普段からしっかりとその練習をしているし、練習試合でも常に次の塁に進むにはどうしたらいいかを選手たちには考えさせている。「はい、ランナー一・三塁になりました。君ならどうやって次の塁を狙いますか?」といつも選手たちに問いかけ、チームとして次の策を意識するようにしている。こういった意識付けがなければ、「ここぞ」という時の奇策は成功しない。

そういったことを続けているため、私がサインを出していないのにバッターとランナーがアイコンタクトでヒットエンドラン、ランエンドヒット、あるいはディレードスチールを自主的に行うこともうちではよくある。それがたとえ失敗したとしても、選手たちに根拠があって奇策を用いたのであれば私は大歓迎。頭の切れる劇団員を増やすには、選手たちの自主性を育んでいくのが一番だと思う。

終盤攻勢のために前半に餌をたくさん撒く

高校野球の他チームの監督さんと話をしていると「5回裏が終わり、グラウンド整備した後が第2試合だと思って、気持ちをリセットして6回を迎える」という話をよく耳にする。

野球には「流れ」というものがあり、「ピンチの後にチャンスあり」という言葉もこの「流れ」に由来している。

「6回からリセット」も野球特有の流れのひとつである。グラウンドがまっさらな状態となり、流れがここで一度止まる。それまで劣勢だったチームも、このリセットタイムをただの休憩タイムとするのではなく、「試合の流れをリセットする」という意味合いで使えば「新たな流れ」を引き寄せる可能性が高まると思う。

ちなみに今まで（専用グラウンドができるまで）の本校は、この「6回からリセット」という考えよりも「3－3－3」と1試合を3イニングごとに区切るようなゲームプランを立ててきた。

考えてみれば、野球には「3」にまつわる数字が多い。ストライク3つでアウト、アウト3つでチェンジ、イニングも野手の人数も3の倍数の9である。だから「3」を基準に考えていくと何かと都合がいいのだ。

「3－3－3」のゲームプランとは、攻撃でいうと序盤の3イニングは相手ピッチャーの球に目を慣らし、いろんな策を繰り出して終盤への伏線を張ることに費やす。そして中盤から終盤にかけて、目が慣れてきたところで徐々に攻撃を仕掛けていくのである。

なぜ至学館がこのようなゲームプランになったかといえば、平日の練習ではまともにフリーバッティングもできず、週末の練習試合でいきなり初回から「怒涛の攻撃」というわけにはいかなかったからだ。

普段やっていないことを試合でやれというのは、いくらなんでも選手たちにとって酷である。だからいつも「序盤の3回は目慣らしでいいから」と選手には伝えていた。その代わり、「1球でも多くピッチャーに球数を放らせよう」と。相手のピッチャーに「3イニングで最低でも50球」を投げさせるのがうちの基本的なゲームプランだったのだ。

序盤に「終盤への伏線を張る」のもとても大切なことだ。例えば、1・2打席目はわざと変化球に合わないようなバッティングを見せておいて、3打席目以降のチャンスの場面でその変化球を狙っていく。あるいは3・4番の重量級のクリーンナップにあえてセーフティーバント（私が「ファウルになるセーフティーバント」のサインを出す）をさせて「なんだ、このバッターはセーフティーもしてくるのか」と思わせ、内野手の守備位置を一歩でも二歩でも前にすれば、それだけでヒットゾーンが広がる。ゲーム全体の流れからすれば微々たる策だが、こういった細かいプレーの積み重ねが勝利をたぐり寄せることになるのだ。

しかし、この「3-3-3」のゲームプランも、グラウンドがなく、満足な練習ができなかった時代の話である。今は立派な専用グラウンドもあり、以前とは比べ物にならないほど充実した練習ができるようになっている。徐々にではあるが、違う野球を模索していかなければならないとも感じている。

超一流に勝つための流儀

強い相手には「4強モード全開！」

4強の選手たちが三拍子揃っている超一流だとすれば、本校に入ってくる選手たちはそれよりも劣る。しかし、ここまでご説明してきたように、力の劣る選手であっても知恵を絞り、策を練り、チーム一丸となってぶつかっていけば超一流にも勝てる。そういった流儀を至学館ではずっと突き詰めてきた。

本校で実践してきた「考える野球」とともに、チーム力を高める上で互いをカバーし合う「チームワーク」は欠かせない要素となる。

私は選手たちに「ベンチでは一体感を出すために、とにかく明るく、笑顔で!」と言い続けている。だが、ここでいうチームワークは、ただの仲良しクラブという意味では断じてない。

私が思うチームワークとは、それぞれの持ち場で自分の長所をアピールしながら、互いの足りないところをカバーし合うことで、それがチームとしての強さに繋がっていくものだ。

至学館のベンチ入りメンバーは一芸に秀でた、いわば職人さんたちの集まりのようなチームである。

それぞれに持ち味が違うから、ぶつかり合うこともなく、長所を生かしてそれをチーム力として結実してくれている。試合中の至学館のベンチは「とても雰囲気がいい」とよく言われるが、先述したように私が「一体感を出そう」と言っているのに加え、選手たちがお互いに個性や長所といったものを尊重し合っているから、ベンチ内の雰囲気がよく見えるのだろう。

4強と対戦する時は私も気合が入っているから、選手たちもそれに合わせて「4強モード全開！」などと言いながら雰囲気を盛り上げてくれる。そういった様子を見て、対戦校が「また至学館が何かを仕掛けてきそうだ」と疑心暗鬼になったり、焦ったりしてくれればこっちのものである。

4強のような強豪校に比べれば、うちのようなチームは欠点だらけの集団といえる。でもだからこそ、欠点を非難し合うのではなく、「どうやったらチームとして機能していくか」を考え、お互いを認め合っていくことがとても大切なのだ。

一芸×20名が至学館の野球

スペシャリストの集合体として戦う

私が試合を戦う上でテーマとしているのは「ベンチ入り20名の総合力で戦う」ということである。

勝つための集団として、その年代ごとにチームの特徴（打撃のチーム、守備のチーム、投手力のチームなど）を見てベンチ入りの選手を選ぶ。

試合の中では20名の選手全員が戦力である。だから私も「どんな試合でも20名をフルに使うからな」と選手たちに言い聞かせている。

9イニングで全選手を使い切るような野球を普段からしているため、延長戦になるとうちは辛い。

ある夏の大会では、初回の攻撃で3番バッターに代打を出したこともある。この試合、私は投手戦のロースコアの戦いになると読んでいた。そして初回、1アウト・ランナー三塁の好機がいきなり巡ってきた。ここで私は躊躇なく3番バッターに代打を送った。送った選手は、チーム一のバントの名手だった。

私の目論見通り、代打の選手は見事なセーフティースクイズを決め、本校は1点を先制。試合はそのまま拮抗した戦いが続いたが、最終的には私たちが2－1で勝利することができた。

代打を送った時、3番バッターには「お前には申し訳ないけれども、1点を争うゲームになる。絶対にこの1点が効くから」と説明した。

至学館ではこのような選手起用が多いので、選手たちは突然代えられたとしても「この状況だからあの選手を起用したんだろうな」と納得してくれる。

ベンチ入り20名の選手たちは、いわば一芸に秀でたスペシャリストの集まりである。先述したようにバントのうまい選手もいれば、足の速い盗塁のためのスペシャリストや、内外野を自在に守れるユーティリティープレーヤーなどもいる。

「一芸を徹底的に伸ばす」

これが至学館の選手育成方針である。

だから選手たちにも「自分の得意とする力を徹底して追求し、磨きなさい。そうすればベンチ入りできるよ」と伝えている。

そういった理由から、平日の練習で全体がバッティング練習を行っていても「ぼくは守備練習がしたいです」と言う選手には守備練習をさせる。こういった選手側からの練習のリクエストは大歓迎である。投手陣もよほど打撃のいい選手以外は、バッティング練習をほとんど行わない。このように、普段は自分の得意技に磨きをかけることに重きを置いた練習を行っている。

選手たちにそれぞれが得意とするものを追求させるのは、選手たちをストレスから解放してあげる意味合いもある。「あれもこれも覚えなさい」とすると、それができない選手にとってはとてもストレスになるし、時間の無駄でもある。選手たちを焦らせることなく、ノンストレスで練習に打ち込めるようにするには、自分の長所を磨いてもらうのが一番である。そういった練習こそが、選手の能力を引き伸ばす上でとても大事だと思っている。

チームが一丸となって、相手に向かっていく。その時の相手の状態を見て、こちらもスタイルを変えながら臨機応変に対応していく。

これは選手たちが将来、一社会人となった時も同じだと思う。会社でもそれぞれの社員に役目があり、一人ひとりがその役目を果たすことで企業は成り立っている。「スペシャリストの集合体として戦うのは、社会に出てからも同じだよ」と選手たちには普段から教えているし、その育成方針をこれからもずっと貫いていくつもりである。

ゲームを支配するには「守備は短く、攻撃は長く」

私は負けているゲーム展開の時に、しばしば一塁ランナーに代走を出す采配を行う。その理由は、自チームの攻撃の時間を少しでも長くしたいからである。

小見出しにある通り、ゲームを支配するには「守備は短く、攻撃は長く」というのが鉄則だ。負ける展開の時はたいがい守備の時間が長く、自チームの流れが悪い。そういった時に、私はゲームの流れをちょっと変えたくなる。その手段のひとつが代走なのだ。

相手チームにしてみれば、代走を出されれば当然「走ってくるな」とランナーを警戒する。こちらは「動くぞ」「盗塁があるぞ」と見せかけて何もしない。当然、相手ピッチャーは牽制をたくさん入れてくる。これだけでもピッチャーのリズムは狂うし、その結果、バッターがフォアボールなどで出塁できれば攻撃の時間がより長くなり、こちらとしては御の字である。

野球のみならず、サッカーやラグビーにもボールをキープしている時間を数値化した「支配率」がある。その名の通り、ボールをキープしている（攻撃している）時間の長いほうがゲームを支配するから「支配率」なのであって、これは野球もまったく同じである。

先述したように、本校では最初の3イニングで相手ピッチャーに50球を投げさせることを、ゲーム序盤のテーマとしている。それぞれの選手が、攻撃の時間が長くなるように考えて動く。私も攻撃時間が長くなるような采配を監督として行う。こういった細かい動きを積み重ねていくと、最終的に2時間のゲームの支配率でうちが相手を上回っていけるのだ。

強豪校と練習試合などをすると、よく相手の監督さんから「勝ったんだけど、何か勝った気がしない」と言われることが多い。これはきっと、うちのほうが攻撃の時間が長かったからである。ゲームを長く支配したチームが必ず勝つとは私も言いきれないが、どんな試合でも常に試合を支配しようと動くことが、その後の公式戦での大事な戦いに生きてくるのだと思う。

私たちが「私学4強」をはじめ、強豪校といい勝負ができるのは、このゲーム支配率にこだわった戦い方をしているからだろう。

強豪校はうちと試合をするのを嫌がる。それは試合の流れを思ったようにつかめないからである。

「全国トップレベルのチームから嫌がられている」

この事実は、本校がそれだけ有利に試合を進めているということの表れだ。2005年の創部（1年目は同好会）以来、先輩たちの培ってきた野球が、至学館の伝統として花開いてきたことを実感する。

私たちと試合をすると、3-0で勝っているチームでも「何か勝っている気がしない」と言う。そういったゲーム全体の流れが、試合の後半にうちにいい流れとして表れてくる。これはボクシングでいえば、序盤のボディブローが後半に効いてくるのと同じである。そこで私たちは、最終ラウンドで疲れの見える相手にカウンターを入れ、最後に勝ちをたぐり寄せる。

4強の監督さんたちからは「一番悔しい負け方となるのは至学館」と言われる。これは私にとって最高のほめ言葉である。私たちは今後も相手の嫌がる戦い方をしていくだけである。

第6章

4強に打ち勝つバッティング

バッティングの基本理論

2018年に野球部専用のグラウンドができるまで、私たちの練習環境は大変厳しい状況に置かれていたのは、ここまで何度も繰り返してきた通りである。そういった環境の中で、私たちが目指した野球は攻撃面では長打よりも小技を絡め、ピッチング面では剛球投手が三振を取るのではなく、変則や技巧派の継投によって相手を打ち取るという「スモールベースボール」だった。

そんな流れがあるため、本校のバッティングの基本は遠くへ飛ばす技術よりも、ミートする技術のほうを重視している。ミート力を駆使して相手ピッチャーに球数を放らせ、そこから突破口を見出していく。それが至学館野球部の攻撃の神髄である。

一芸に秀でた選手をベンチ入りさせるのは前章で述べた通りだが、バッティングオンリーでメンバーに入ってくるのは例年2名前後。そういった選手には「初球からいっていいよ」と言うが、それ以外の選手は「粘ってチャンスメイクをする」「何としても次に繋ぐ」のが使命となる。

「スモールベースボール」を実践するにあたり、私は選手たちに際どい球をヒットにするような高い技術は求めていない。

それよりも相手ピッチャーの球種や、キャッチャーの配球の特徴などを読みながら、狙い球を絞ってピッチャーを攻略する「対応力」を磨くよう指導している。バッターの対応力とは、データを活用しながら配球を読む力であり、またストレートや変化球の球筋を見極めてミートする技術力、選球眼などを含めた総合力を意味する。

試合の序盤は、私が「このピッチャーの配球はこういう傾向がある」「決め球は〇〇が多い」「狙い球はこれでいこう」と選手たちに指示を出すことが多い。選手たちはそういった私の指示をヒントとし、その後は実際に打席に立った感覚から得た情報をもとに、自分で考えて対応していく。

いずれにせよ、バッターの対応の基本は、2ストライクを取られるまでは自分の得意とする球種、あるいはコースを待ち、狙い球が来たら迷わず振っていくことだ。しかし、至学館では「序盤は相手ピッチャーに球数を50球以上放らせる」というテーマがあるため、あえて狙い球が来てもカットしてファウルにしたり、見逃したりすることもある。私たちが目指す「スモールベースボール」を実践するには、それぞれの選手の「考える力」がもっとも重要なのだ。

新入生には
バッティングの基本から

バッターとしての対応力を磨くためには、バッティングの基本的な知識が頭に入っていなければならない。そんなことから、本校では1年生のうちにバッティングの基本に関する座学を行い、選手たちに「バッティングとは何か？」を理解してもらうようにしている。

新入生たちには、まずバッティングのマニュアルともいえる基本中の基本から説明する。

・ボールへのコンタクト方法

本校では、エンドランなどでゴロを打ってほしい時に「ボールを叩け」とか「転がせ」などとは絶対に言わない。ゴロを打ってほしい時は「ボールの5センチ上を振れ」と教える（5センチとややオーバーに言ったほうが体で実践しやすい）。ちなみにフライを打ってほしい時はその逆で「ボールの5センチ下を振れ」と言う。

・インコース、真ん中、アウトコースと、コースによって捉えるポイントは変わってくる

インコースはポイントが前（ピッチャー寄り）、アウトコースはポイントが後ろ（キャッチャー寄り）になる。

・状況に応じてバッターボックスに立つ位置は変化する

変化球待ちならば、バッターボックスの前側（ピッチャー寄り）に立つ。じっくり見ていくのなら、ボックスの後ろ側（キャッチャー寄り）に立つ。ランナーが二塁へ盗塁する時はボックスの後ろ側、かつベース寄りに立つなど、状況によって立ち位置を変化させる。さらにそういったセオリーを利用して、逆に相手をだます方法があることも説明する。

・相手ピッチャーの球筋によって打席での立ち方を変える

両足が球筋と平行になるように構える。例えば右バッターの場合、相手ピッチャーが左投げであればボールがクロスして入ってくるので、ややクローズドスタンスで構える。相手ピッチャーが右のサイドスローならそれとは逆になるので、ややオープンスタンスで構えるといった具合。ボールを「点」ではなく「線」で捉え、なおかつしっかり両目で見るようにすることが重要。

理論は説明するが、習得するのはそれぞれの選手たちの努力にかかっている。基本を理解した後は、それぞれの選手が自分なりのアプローチで対応力を磨くしかないのだ。

1・2番を打つバッターが「ミスター至学館」

機動力を重視する本校の攻撃において、1番バッター、2番バッターに課せられる責務は非常に大きい。

至学館の攻撃の要でもある1番、2番は、私がやろうとしている野球を熟知していなければならないし、野球勘も求められる。そのほかにも機動力野球を実行するための小技を含めた打力、選球眼、走力などさまざまなものが求められる。

歴代の1番、2番を見ても、その世代の「ミスター至学館」といえるメンバーがその打順についている。それほどまでに本校での1番、2番の役割は重い。

1・2番が出塁し、その後は3・4・5番のクリーンナップで還すという理想が描けるほど本校の打力は高くない。そこで、打順を考える時は1番から4番でワンセット、5番からは改めてその後を4人で繋いでいくという、後半の1~4番のようなイメージで組むようにしている。

足の速い選手が出塁した場合、「好きなタイミングで盗塁していい」というグリーンライトのサインを出すチームも多いようだが、私はそういった「選手任せにする采配」は選手に責任を課しているような気がしてあまり好まない。だから、グリーンライトのサインを出すことはほとんどない。

先述したように、うちの1・2番は私から多くの野球の知識を学び、さらに優秀な野球勘も持っているため、高校最後の公式戦となる3年夏には私とアイコンタクトでサインのやりとりをすることもある。

私の理想は、出場している選手すべてと、アイコンタクトでサインのやりとりができることである。1番から9番まで、すべての選手とアイコンタクトでやりとりすることはなかなか叶わないが、アイコンタクトでやりとりできる選手が多ければ多いほど、それはチーム力となって表れる。

また、至学館では選手のほうから「こうしたいんですけど?」と私に許可をもらうためのサインが存在するのは先述した通りだ。一番多いのは盗塁許可のサインだが、私はその度に状況を見て、可、不可のサインを出す。

そういった許可を求めるサインが選手から出された場合、そのほとんどを私はOKにするが、中には「相手ピッチャーがちょっと乱れてきているから待ってくれ」と不可の返事をすることもたまにある。

いずれにせよ、私の目標は1・2番を打てるような選手をひとりでも多く育て、チーム力を高めていくことである。

選手たちの積極性と機動力を生かすストレートエンドラン

私は攻撃面においては機動力を重視しており、意表を突いたセーフティーバントなども多用する。

そのため、「至学館は必ず何かしてくる」と知っている対戦相手は、ランナーが塁にいる時はかなりのプレス（前進守備）をかけてくる。

そういった時に威力を発揮するのがバスターエンドランであり、プッシュバントである。だから選手たちには試合中、相手の内野陣がプレスをかけてくる時にどう動くかをしっかりチェックさせ、「ヒットゾーンはどこか？」「どこに転がせばいいか？」を考えさせている（もちろん、私も試合中に気付いたことがあれば選手たちに伝えるようにしている)。

ランナー一塁の時、機動力を生かす上で私がよく使う作戦が、ランエンドヒットのストレートエンドランである。

ランナーがスタートを切り、バッターはストレートだったら打つ、変化球なら見逃す(あるいは空振りでもOK)。この作戦だとバッターは「よし、ストレートだったら思いっきりいってやる」とわりと楽な気持ちでスイングできるから、作戦自体の成功率もかなり高い。

ライナーでゲッツーになってしまっても、それはしょうがないことなので選手を責めるようなことはしない。選手たちもそれがわかっているから、ストレートエンドランの時はフルスイングでいく。

「失敗してもいい」と気楽にいけるからか、面白いもので打球は右中間、左中間を抜ける長打になることも多く、そうなれば1得点である。采配のネタバラシになってしまうが、こういった理由からランナー一塁の場合、私はストレートエンドランを好んで使っている。

ただ一点、この作戦を用いる際に注意しなければいけないのは、センター返しで転がったゴロはゲッツーになりやすいという点である。ランナーがスタートを切っているため、セカンド、ショートが二塁ベースに向かって守備位置を変えている。だから、通常ならヒットになるようなセンター返しの当たりでもセカンドかショートに処理され、まんまとゲッツーということになりかねない。

だから、ストレートエンドランのサインを出した時には「真ん中からインコースのボールは思い切り引っ張る、アウトコースは流す」ということを選手たちに徹底させている。

ちなみに「ストライクならストレートでも変化球でも打つ」というただのランエンドヒットは、狙い球なども絞れずどこか曖昧で、私はあまり好きではない。しかも実行するには高い技量が求められるため、うちではあまり用いない作戦である。

バントを一発で決めるための目のトレーニング

試合に「もう一丁」はない

前項でお話ししたように、至学館のやり方をよく知っているチームは、ランナーが出ると内野手がとても厳しいプレスをかけてくる。

そういった状況でバントを決めるのは、かなりの精度が求められる。だから時には内野手の裏をかき、プッシュバントをしたり、バスターエンドランに切り替えたりする場合も多々ある。

普通のバントにしろ、プッシュバントにしろ、うちの場合は相手が厳しいプレスをかけてくることが多いので、狙ったところにしっかり転がさなければ成功しない。

試合でのバント成功率を上げるために必要なのは、普段の練習時にいかに実戦に近い緊張感でバントを行うかである。リラックスした状態で何度もバント練習したところで、緊張感みなぎる本番で持てる力を発揮することはできない。

全体練習の中で行う本校のバント練習は「ひとり1回」と決まっている。試合に「もう一丁」はない。より実戦に近い緊張感を少しでも感じてもらうために「ひとり1回」の練習を行っているのだ（そもそも、100名を超える大所帯のため、ひとりが10本も20本もバントを打っている時間はないというのもあるが）。もちろん、1年生などがバントの基本を習得するために、個人トレーニングとして何本もバント練習を行うことはある。そして基本を覚えたら、後は実践あるのみということで「ひとり1回」のバント練習を行っているのだ。

さらにこの一発バント練習を行う前に、選手たちはビジョントレーニングという目のトレーニングをしてから打席に入るようにしている。

この目のトレーニングは、A4サイズの紙に記号や数字が書いてあり、それを目の前に置いて、顔は動かさず、目だけで記号や数字を順に追っていくというトレーニングである。

このトレーニングを行うと、眼球を動かす外眼筋という筋肉のストレッチを行えるのと同時に、それらの筋肉を鍛えることもできる。

打席に入る直前にこのトレーニングを行うことで、目の可動範囲が広がる。バントを行う際、頭がブレたらバントの成功率は下がる。逆に頭がブレることなく、目だけでボールをしっかり追えるようになれば成功率は上がる。

実戦での成功率を上げるには、練習をより実戦的に行うに限る。それは打撃も守備も同じなのだ。

ランナー三塁での戦術

秘策ロケットスーパー

至学館の機動力を生かした野球のそもそもの目的は、出塁したランナーを三塁まで進めたいということである。

「ランナー三塁」の状況をいかに生み出すか。それを逆算していくと、ここまで述べてきたランエンドヒットやバント、さらにはディレードスチールといった機動力を生かした作戦が必要になるのだ。

ランナー三塁になると、本校の野球を知っている相手チームはとてつもないプレスをかけてくる。場合によっては4人の内野手全員が、マウンドの横のあたりまで出てくるような、極端なフォーメーションを取られることもある。

しかし、私もうちの選手たちも、それでひるむようなことは絶対にない。自分たちがどういう野球をすればいいかわかっているので「面白いじゃねーか」と果敢にスクイズに挑む。どんなプレスをかけられても、自分たちのスタイルを変えない。至学館野球部はそのやり方を貫いてきた。

超前進守備を敷かれたら、私たちもそれなりの対応を考えなければスクイズで得点することはできない。そこで編み出したのが、ロケットスーパーというスタート方法である。

本校のスクイズの一種であるロケットスーパーは、ロケットスタート以上に鋭い感覚が求められるためこの名称を付けた。

基本的に至学館では、三塁ランナーがいる時のエンドランはあまりにギャンブル要素が強すぎるので行わない（相手がトップレベルの投手で、次に必ずストライクが来るというケースは別）。だから、策を仕掛けるとすればスクイズとなる。

通常のスクイズは、ピッチャーがモーションに入ったと同時にランナーがスタートを切る。しかしこのやり方だと、強豪校のような経験豊富なバッテリーにはボールを外される可能性が高い。

繰り返しになるが、うちはランナー三塁になると、相手からとてつもないプレスをかけられる。だから、通常のスクイズのタイミングでランナーにスタートを切らせると、ボールを外されてランナーが死んでしまう。そこで、ロケットスーパーと呼ばれるスクイズを生み出したのだ。

ロケットスーパーはバッターがスクイズの態勢になり、ボールがバットに当たる直前にスタートを切る。相手バッテリーにスタートを読まれない微妙なタイミングのスタートとなるため、慣れない選手は最初はスタートに戸惑う。しかし、練習を積み重ねていけばそんな選手でもスタートは切れるようになる。後は、狙ったところに転がすためのバントの精度を上げればいい。

近年、甲子園での各校の戦いぶりを見ていると、ランナー三塁でのセーフティースクイズを行うチームが増えてきているように感じる。

至学館でもセーフティースクイズは、創部した当初からずっと多用してきた作戦である。本当は外野フライで1点を取るのが一番いいのだが、素人同然の生徒が入部してくる本校にはそのような高いバッティング技術を持った選手はいなかった。そこで考えたのがバントの精度を上げることであり、その一環でセーフティーバントやセーフティースクイズも多用するようになった。

よく「セーフティースクイズをする時、どこを狙って転がせばいいのですか?」と聞かれるが、私は基本的にピッチャーの足元に向けて転がせばいいと思っている。

この時に注意しなければいけないのは打球の強さ。ゴロが強すぎればピッチャーに簡単に捕られ、ホームでアウトにされてしまう。だからピッチャーがマウンドから駆け下りてきて、慌ててグラブトスしなければならないくらいの位置に、勢いを殺して転がす必要があるのだ。

4種類のバットを使って練習

バッティング練習では、通常の金属バットのほかに長さや太さ、重さの異なる4種類の木製バットを使っている。

・極太バット……グリップが極端に太いバット。グリップが太いとバットは振り抜きにくくなり、ヘッドを効かすことも難しくなる。しかし、このバットを使いこなせるようになると、通常のバットを使った時にスイングがさらによくなり、ヘッドの効いたスイングができるようになる。フリーバッティング、ロングティーバッティングなどで使用。

・ロングバット……長さ1mほどのロングバットは、スイングの軌道の確認と修正、安定化に役立つバットである。軸を意識しながら体全体を使ったスイングを覚えられる。置きティーバッティングなどで使用。

・ショートバット……長さ50センチの短いバット。このバットを使うと、鋭いスイングをするためのリストターンが身に付けられる。片手で使い、それぞれの腕の使い方を確認するのにも適している。ティーバッティングなどで使用。

・マスコットバット……重量は1・5キロと、マスコットバットでも重いほうである。パワーを付けるために使用。スタンスを広くしてスイングすると下半身も同時に鍛えられる。

選手たちは自分の目的に合わせて、こういったいろいろなバットを使い分けて練習している。ただやみくもにスイングを繰り返すのではなく、「自分に足りないもの」「修正すべき点」といった課題を持って、それぞれが練習に取り組むことが大切なのだ。

練習で使っている各種バット。右からショートバット、ロングバット、極太バット（２種）、1.5キロのマスコットバット

極端なティーバッティングでスイングを修正

至学館では、取り立てて特殊なティーバッティングなどは行っていないが、スイングを修正するために極端な矯正法を取り入れることにより、悪い癖を直すような練習はしている。

軟式野球出身者の多いのがうちのチームの特徴でもあるが、軟式野球をやっていた選手にはドアスイング（アウトサイドインのスイング）の選手が多い。

そのドアスイングをインサイドアウトのスイングに修正するために、本校ではシャトル打ちの際、投げ手がバッターの背中側（通常は正面方向から投げる）から投げる練習方法を取り入れている。

野球部専用グラウンドができた今でも、雨天時などは以前のように校舎脇の狭いスペースを使ってシャトル打ちなどを行っている。バッターの背中側から投げる場合もある

鳥かごの外で行うテニスボールのワンバウンド打ち。多くの選手が
練習できるよう、このように鳥かごの内外を有効に使っている

変化球を打つ際、軸足に重心を残してしっかりスイングできず、体重が前に行ってしまう選手には、テニスボールのワンバウンド打ちもやらせている。ボールがバウンドした時にグッと重心にタメができることによって、軸足を意識したスイングが身に付けられるようになる。変化球打ちのタイミングを取る練習には打ってつけである。

また、軸足に重心を置いてスイングする感覚を身に付けるために、タイヤを使ったバッティング練習も行っている。

鳥かごなどでバッティング練習を行う際、右バッターなら左足のところにタイヤを置き、左足はタイヤの上に乗せたままスイングをする。軸足にしっかりと重心を置くスイングを身に付けるために効果のある練習方法である。

もうひとつ、極端な修正方法をご紹介したい。

バッターがインハイのボールを打つ時の傾向として、右バッターなら左の脇、左バッターなら右の脇が開いてしまう選手がとても多い。

こういった悪癖の修正に、それぞれの脇にタオルなどを挟んでスイングさせたりする方法もあるが、本校ではティーバッティングの時に投げ手がバッターの顔のあたりにボールやシャトルを投げ、それをひたすらダウンスイングで打つという修正方法を用いている。このスイングをするには、ショートバットのほうがやりやすいので最初はショートバットを用いる。

それで脇の開きが修正できるようになったら、今度は極太バットを使ってインハイのティーバッティングを行う。前項でも述べたが、極太バットは振り抜きにくいバットなので、インハイを打とうと思ったらしっかり脇と肘を畳まなければスイングできないのだ。正しいインハイのスイングを身に付けるためにも、極太バットは有効である。

超実戦的なシートバッティング

専用のグラウンドができたおかげで、今までできなかったフリーバッティングも思い切りできるような環境になった。

しかし、私は意味もなくただばかばかと打つだけの練習は、まったく効果がないと思っている。だから現在行っているバッティング練習は、フリーバッティングよりもランナーと守備をつけたシートバッティングの割合のほうが高い。

グラウンドがなかった頃の後遺症というか、貧乏性というか、専用グラウンドができても「もっと効率的な練習法があるのでは?」といつも考えてしまう。

私がすっかりそういう思考回路になってしまっているため、限られた放課後の時間をバッティング練習だけに費やすのはもったいないと、バッティングケージをバックネット側に向けてバッティング練習を行い、内野では内野ノック、外野では外野ノックと、広いスペースを効率的に使う練習も行っている。こういった練習方法を取り入れているのは、100名以上いる選手に充実した練習を行ってほしいと思っているからだ。

「より実戦的な練習」をモットーにしているため、フリーバッティングよりシートバッティングの練習に力を入れているのだが、ランナーもつけて行うシートバッティングでは、「1アウト、ランナー一・二塁」、「1アウト、ランナー一・三塁」というような状況設定をして、バッター、野手、ランナーそれぞれが対応力を磨くようにしている。

ランナー一・二塁、ランナー一・三塁にするのは、一番ミスが生じやすくなる状況だからだ。バッターはヒッティングなのか、バントなのか、あるいはどこに打つのか（転がすのか）、ランナーは打球判断（ゴロだったらどうするのか、ライナー、

広いグラウンドでのびのびと練習する選手たち。専用のグラウンドを持ったことによるチーム力アップがこれから徐々に発揮されていくはずだ

フライだったらどうするのかなど）、守備は相手の作戦を見ながらどのようなシフトを敷くのか、そういったことを実戦さながらに行うことで、それぞれの対応力が高まっていくのである。

第7章

失点を防ぐ守備&強豪を惑わす走塁&トレーニング

守備の基本は「量より質」

ノックを一度もしない週もある

専用グラウンドがなかった時代、私たちは校舎の裏にある駐車場などで守備の基本練習に取り組んでいた。

駐車場なので硬球を使った練習はできない。そこで私たちはテニスボールとスリッパを使い、守備の基本練習をしていた。その基本練習は専用グラウンドのある現在でも行われている。

スリッパを用いた練習では、グローブの替わりにスリッパを使う。スリッパだとボールをつかむことができないため、無造作にスリッパを出すとただでさえやわらかいテニスボールを弾いてしまうことになる。

テニスボールをスリッパでうまくキャッチするには、スリッパとボールが衝突しないようにやわらかく当てるように捕らなければならない。さらに、スリッパではボールはつかめないので、利き手をあらかじめスリッパに添えておき、当たった瞬間にすぐに利き手でボールを包み込むように握る。

この練習では内野、外野、それぞれに基本姿勢を保ちつつ、捕る→投げるの動作を繰り返す。

スリッパを使った練習は守備の基本を覚えるには最適なので、小中学生などにもぜひ取り入れてほしい練習方法である。また、場所を選ばないので雨の日の屋内練習などにもおすすめだ。

基本的な動きを覚える練習はここまでご説明した通りだが、そのほかの実際にグラウンドで行うノックに関しては、私は思うところがいろいろある。

私の考えでは、ノックの打球と試合で実際にバッターが打つ打球は質が違う。とくに内野に飛んでくる打球の質はまったく違うので、ノッカーが打つ内野ノックはそれほど必要ないと考えている。

ノッカーが打つ打球は、ゴロにしろ、フライにしろ、ボールの回転がホップ回転しているものが多い。一方、試合でバッターが実際に打った打球は「フライはホップ回転」「ゴロはオーバースピン（ホップ回転とは逆回転）」がほとんどである。それなのに、練習でホップ回転のゴロばかり捕っていたら、実戦で対応できなくなってしまう。

そういった理由から、私は守備を鍛えるのであれば、バッティング練習をしている時に実際にバッターの打った打球をたくさん捕ったほうが、実戦向きの対応力が身に付くと考えている（フリーバッティングの時に守備陣は試合のように守り、内野は捕ったらファーストに投げたり、ダブルプレーをしたりといった具合）。

だから、至学館の練習ではノックはほとんど行わない（とくに内野ノック）。一週間のうちに一度もノックを行わなかったという週も決して珍しくはない。

そういった練習をしているからか、実戦での守備力はほかの強豪校と比べてもまったく引けを取っていないと思う。100本ノックなどのように、数多くノックを受ければ守備力が付くわけでは決してない。大事なのは「量より質」なのである。

ただ、「精神力を鍛える」「根性を付ける」という意味合いにおいて、本数の多いノックをすることを私は否定しない。その選手のために必要であるならば、ごくたまにそういうノックを行うことがあってもいいと思う。

しかし、100名を超える選手が在籍している本校で、100本ノックのような練習を行うには時間が足りない。100本ノックを行うくらいなら、選手たちの身になるもっとほかの練習をさせてあげたい。

ちなみに、うちのチームのスタッフ数は監督の私のほか、部長と副部長、そしてコーチ1名の計4名である。

スタッフは全員教員であり、外部スタッフはひとりもいない。放課後に職員会議などが入ることも多く、平日のグラウンドに4名のスタッフ全員が揃うことは稀である。そんな状況にあるため、そもそも本数を打つノックを頻繁に行うことは難しい。だが、その代わりに選手たちの守備力を伸ばす練習は、考えればいくらでもあるものなのだ。

麻王流・超実戦的ノックの奥義

でんぐり返ししてから捕球、送球する

私は練習のための練習は好まない。練習では常に実戦を意識した練習を行う。それは「走攻守」すべての面においていえることである。

そういったことから、前項で述べたように他校がやるようなシートノックはほとんど行わない。やるとしてもランナーを入れた実戦的なシートノックを行う。

ランナー付きのノックを行う場合、ノッカーは「実際の試合でここに飛んできたら嫌だな」というところに打つバットコントロールを持っていなければならない。

本校でやるような実戦的なノックを行うには、ノッカーにも高い技術が求められる。

また、ノックの際に使うボールにもこだわっている。これはとくに外野ノックを行う時の話なのだが、ノックの時に使い古されていない「状態のいい真っ白なボール」を使うようにしている。

通常、ノックなどで使用するボールはグラウンドの土などが付着し、自然と黒ずんでいくものである。私たちは、これらの練習用ボールを部員たちが消しゴムなどで汚れを落として真っ白にする。

なぜ、ボールを磨いて真っ白にするのか？

その理由も実戦を意識していることに由来している。

公式戦において、雲ひとつない晴天の日は、フライが上がった時に白球が青空のまぶしさに飲み込まれてしまい、見えづらくなる。これはとくに夏場にそうなるのだが、秋口でもスタンドにいる白い服装の人と重なるとボールはかなり見えづらい。

こういった実戦で起こり得る状況に慣れるには、黒ずんだボールを使っていては意味がない。だから私たちは、ノックのボールを真っ白になるまで磨いているのだ。

本書で何度も述べてきたように「極端な練習」が好きな私だが、守備練習でも実戦に対応するためにその極端さをたくさん取り入れている。

よく言われることだが、野球にエラーは付き物である。どんなに素晴らしいプロ野球選手であっても、エラーはしてしまう。そう考えると、高校生が試合中にエラーをするのは当然ともいえる。

だから私は、普段から「エラーを想定した練習」をいろいろと取り入れている。ポロッとボールを落とした後に、すぐに拾って投げる練習はキャッチボールしながらできるし、ノックをしている最中にわざとそういった状況でやらせる時もある。また、内野のボール回しでも選手たちにあえてショートバウンドやワンバウンドのボールを投げさせ、捕る側の技術を高めるような練習も取り入れている。

このように、至学館では試合中の非常事態を想定した練習をいろいろと取り入れている。その中でも名物ともいえるのが「でんぐり返ししてから捕球、送球」するノックである。

試合の守備中には、アクシデントやその時々の事情により、スタートが遅れたり、ボールから一度目を切ったりしてしまうようなことがよく起こる。そういった非常事態に対応するための練習が「でんぐり返ししてから捕球、送球」に代表される練習方法である。これは外野手によく行う練習方法なのだが、そのパターンをここでご紹介したい。

［非常事態を想定した守備練習］

※いずれもノッカーが打ってから（打球音を聞いてから）野手は反応する

・でんぐり返ししてから捕球、送球
・仰向けになっている状態から捕球、送球
・うつぶせになっている状態から捕球、送球

・前向きに正座した状態から捕球、送球
・後ろ向きに正座した状態から捕球、送球

アクシデントへの対応力を磨いていくと、選手自身の野球勘も鋭くなっていく。至学館の練習のテーマは常に「実戦的」である。実戦的な練習を積むことで選手個人の質が高まり、それが総合的なチーム力となって表れるのだ。

キャッチャーのような姿勢でゴロを捕る

反復練習より極端練習が効果をもたらす

内野、外野問わず、ボールを捕る時の「目の位置」と「目をブラさない」ことはとても重要である。

捕球する時に目が上下左右にブレてしまうと、それだけエラーする確率も高まってしまう。また、目の位置が高すぎるとボールとの距離ができてしまい、それもエラーとなる確率を高めてしまう。

ゴロを捕る時の基本的な考え方として、私は打球を線として捉え、その線にできるだけ目を近づける方法がベストだと思っている。

つまり、自分の腰よりも下に飛んできた打球であってもそれを中腰で「上から」見るのではなく、できる限り頭を下げ、打球に目を近づけるようにするのだ。

そういった理由から、本校では強い打球の低いゴロの場合、グローブを下に向けて捕る「下捕り」よりも、キャッチャーのように姿勢を低くして、グローブは「横」のまま捕るやり方を指導している（写真①②③）。

私は選手たちに「強く、低いゴロが飛んできたら打球よりも目の位置を下げろ」と教えている。低いゴロを捕るには、それぐらいの姿勢がちょうどいい。

私が「下捕り」よりもキャッチャー捕りを推奨する理由は、下捕りをするとファンブルしたり、ジャックルしたりする選手が多いからである。キャッチャー捕りを教えたことで、このようなエラーをする選手はだいぶ減った。

低めに転がってきたゴロの基本の捕球姿勢は「下捕り」であることは間違いないし、先述したスリッパを使った練習では基本的な姿勢を教えている。

こういった基本を踏まえた上で、私は普段のノックや実戦では「キャッチャー捕り」を指導しているのだ。他校ではあまり用いられていない極端な指導法かもしれないが、この動きのほうが捕球後の送球態勢にも移りやすく、理に適っていると私は思う。

興味のある方は、ぜひこの捕球に挑戦してみていただきたい。

麻王監督による低い守備姿勢の指導風景。内野手の低めのゴロの捕球態勢はグローブは下に向けず、キャッチャーのように横向きのまま捕る

低い捕球姿勢を体で覚えておけば、このように左右に振られたとしてもシングル、逆シングルどちらでもしっかりと対応、捕球することができる

ほぼ正面に飛んできた低めのゴロはこのような姿勢でキャッチする。
この動きのほうが、次の送球体勢にも移りやすい

足の遅い選手でも盗塁はできる

機動力野球を実践していく上で「盗塁」は欠かせない作戦である。それだけに、私も試合では盗塁のサインを頻繁に出す。

私はタイミングさえ間違わなければ、盗塁は成功しやすい作戦だと思っている。プロ野球では盗塁阻止率は3～4割が平均で、5割あれば素晴らしいキャッチャーだと評価される。高校野球であればこの数値はさらに下がる。

どんなにいいキャッチャーであっても、毎回セカンドへストライクの送球をすることは難しい。それは盗塁阻止率を見れば明らかであるし、何よりもセカンドにボールが到達してタッチするまでの間に「ピッチャーが投げる→キャッチャーが捕る

↓ボールを握る↓セカンドへ投げる↓セカンドが捕る↓ランナーにタッチする」と、これだけ多くの過程を経ているのだから、その中でまったくミスが起こらないわけがない。それがさらにプレッシャーのかかった場面になれば、なおさらミスの可能性は高くなる。

監督が「ここは変化球が来る」「ここは牽制はない」など、試合の流れや配球の組み立てを見ながら「今なら行ける」としっかりした判断ができれば、かなりの確率で盗塁は成功するはずだ。

しかし、世の監督たちの中には「キャッチャーの肩がいい」とか「せっかくのチャンスを盗塁で潰したくない」と盗塁のサインに躊躇してしまう人も少なくない。

私はそもそも考え方がポジティブなので、ノーアウトから盗塁でアウトになったとしても、次打者が再び出塁し、盗塁を成功させれば1アウト・ランナー二塁となり、送りバントをしたのと同じ結果ではないかと考える。そういったプラスの発想、思考力が私のエネルギーの源である。

私は戦況を見つめ、「今なら行ける」と確信してから盗塁のサインを出す。だからその盗塁が仮にアウトになったとしても、選手を責めるようなことは絶対にしない。選手たちにも「俺のサインで走ってダメでも全然ＯＫ。アウトは監督の責任だから」といつも話している。

盗塁でのアウトを責めていたら、選手たちは盗塁に躊躇してしまうようになるだろう。そんな気持ちではいいスタートは切れないし、成功率も下がってしまう。私は、選手たちが出塁したらいつでも走る気持ちでいてほしいから、失敗を責めるようなことはしないのだ。

ただ、そうはいってもただのサインの見逃しや、私の繰り出す奇策のタイミングに付いてこれなかったような選手には「なぜ？」という問いかけはするし、次の策への考え方の準備ができていなかった選手には、私の考え方や至学館の野球をちゃんと理解しないとベンチ入りはできないと伝える。

また、私は足の遅い選手にもどんどん盗塁をさせる。体が太めな選手は、それだけで相手バッテリーの警戒が弱まる。私はその隙を突いて盗塁、ディレードスチール、あるいはエンドラン系のサインを出す。足の遅い選手は塁に出てもノーマークになりやすいので、私も策を仕掛けやすい。そういったことから、私は足の遅い選手にも「盗塁はあるからな」と伝えているし、普段からそのための練習もきちんとさせている。

もし本書をお読みの方の中で、小中学生の野球チームの指導に携わっている方がいらっしゃるとしたら、ぜひ足の遅い子にも盗塁をさせるような野球をしていただきたいと思う（もちろん、そのための日頃の練習も）。盗塁でいいスタートが切れるようになるには、何よりも経験が必要である。子供たちには「ぼくは足が遅いから盗塁は無理」と思わせるのではなく、「足が遅くても、やりようによっては盗塁ができるんだ」ということを教えてあげてほしい。無理だと思っていたことが、頭を使うことで可能になる。野球は頭をちょっと使うだけで、不可能を可能にしてくれる素晴らしいスポーツなのだ。

あらゆる可能性を走塁で探る
他校にとっては奇策でも至学館にとってはセオリー

先述したロケットスーパーのほかにも、ランナー三塁の場面での作戦は、ホームスチールやノーアウト満塁でのエンドランなどいくつかある。

ノーアウト満塁でのエンドランは、東邦との公式戦でも成功させたことがある。きっと他校のみなさんからは「また至学館がワケのわからんことをしてきた」と思われているのだろうが、これが至学館にとってのセオリー、勝つための策なのだからしょうがない。

練りに練った策を「ここぞ」という時に繰り出す。それが私たちの戦い方だが、練りに練った結果、ディレードスチールのスタートも現在は2種類の方法を状況によって使い分けている。

百戦錬磨の強豪校を相手にランナー一・三塁でディレードスチールをした場合、通常のわざと遅らせたスタートでは相手のキャッチャーに策を読まれ、セカンドに送球してもらえない。

そこで本校では、ディレードスチールのスタートよりやや速い、かといって通常の盗塁のスタートよりはちょっと遅い、「中間スタート」のサインも用意している。

ランナー二塁でバッターが下位打線。そこでバッターが2ストライクと追い込まれて「ちょっと得点するのは難しそうだ」と思った時は二塁ランナーにディレードスチールのサインを出す時もある（これは以前、東海大会でも成功させた）。

狙いはキャッチャーの三塁への悪送球である。下位打線ということで、相手の外野も前進守備となっている。キャッチャーが慌てて三塁へ悪送球してくれれば、レフトのカバーは間に合わず得点が可能となる。「そんなことはあり得ない」と片付けず、どんなに切羽詰まった状況でも得点の可能性を引き出すのが至学館の野球である。

私たちは普段から、走塁によって突破口が開けないかあらゆる可能性を探っている。そういう中で他校からは「奇策」と呼ばれる戦術が生まれるのだが、それは私たちにとっては奇策ではなく、セオリーなのである。

練習試合の最中に私の考えを汲み取れず、サインを出してもそれに反応できない選手がたまに出てくる。そういった時、私はその選手に「一般的に言われているセオリーは至学館ではあまり用いない。それより、ほかの学校が奇策だと思うような作戦が私たちにとってはセオリーなんだ。それを理解しなさい」と話す。

夏の大会で、少なくともベンチ入りしている選手はそれを理解している。私の意図を汲み、「次はこの作戦が来そうだ」と準備のできている選手でないと、本校では背番号を背負えないのだ。

野球の動きに即したウエイトトレーニング

第1章でも触れたが、私は至学館に来る前に社会人チームのフィットネスコーチとして選手たちの体の強化、ケアを担当していたことがある。その時に勉強したウエイトトレーニング方法がその後、選手たちを鍛える上でとても役に立っている。

クラブハウスの中にウエイトトレーニングの機器がいくつかあるのだが、その中の「初動負荷トレーニングマシン」は私がとあるジムで見たものを参考に、知り合いの業者に作ってもらったオリジナルマシンである（次ページ写真参照）。このマシンは主に投手陣がトレーニングに使っている（1台で同時に4人がトレーニングできる。トレーニングルームにはそのマシンが2台備えられている）。

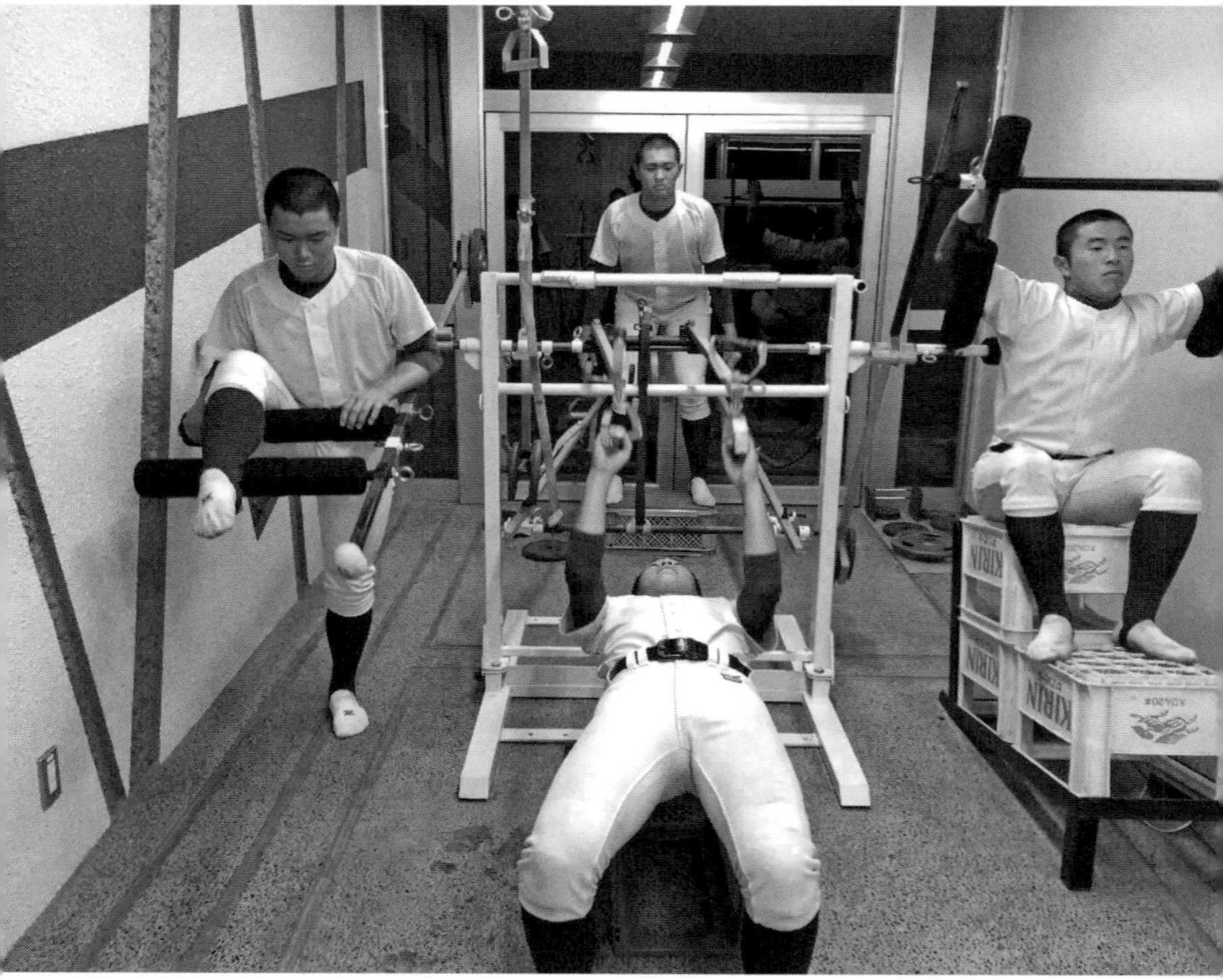

オリジナルの「初動負荷トレーニングマシン」は、１台で同時に４人がトレーニング可能。股関節をやわらかくし、腰をしっかり回すこともできるようになる。また、肩や肩甲骨まわりの筋肉のほか、大胸筋、三角筋など体の各部位の可動域を広げつつ、筋力を鍛えることもできる

バーベルやダンベルを使った通常のウエイトトレーニングは直線的な動きであるのに対し、野球の動きというのは捻りの入った動きが多い。そういった捻りの入った野球独特の動きを鍛えるために、この「初動負荷トレーニングマシン」はとても有効で、股関節をやわらかくし、腰をしっかり回すこともできるようになる。また、肩や肩甲骨まわりの筋肉のほか、大胸筋、三角筋など体の各部位の可動域を広げつつ、筋力を鍛えることもできる。

もちろんこのマシンを使ったメニュー以外にも、メディシンボールや鉄アレイを使ったトレーニングでも捻りを取り入れたメニューを組んでいる。

野球部専用のグラウンドができて、クラブハウスには雨の日でもウエイトトレーニングができる環境が整えられた。

投手陣、野手陣ともにトレーニングの環境は強豪校にまったくひけをとらない充実ぶりである。

そのおかげで野手陣もバッティング練習を行う際、ローテーションを組んでウエイトトレーニングも並行して行い、体に負荷をかけることでバッティングにもフィジカルにも、より効果をもたらしてくれる練習ができるようになった。ありがたいことである。

第8章

これからの至学館

悲願の専用グラウンドが２０１８年に完成

２０１７年のセンバツ出場のご褒美ということで、２０１８年10月に学校から車で30分ほどの名古屋市守山区志段味に野球部の専用グラウンド（写真①）を造っていただいた。

両翼95ｍ、センター１１０ｍの素晴らしいグラウンドである。立派なベンチ（写真②）があり、外野フェンスにはちゃんとラバー加工も施されているし、ミーティンググルームやトレーニンググルームも備えたクラブハウス（写真③）、さらには簡素な作りながらスタンド（写真④）も一・三塁側両サイドにちゃんと設けられている。

グラウンドを造成するにあたり、私は学校側にいくつかのリクエストをしたが、

2018年10月に完成した野球部の専用グラウンド。
三塁側ファウルゾーンからバックネット方向を望む

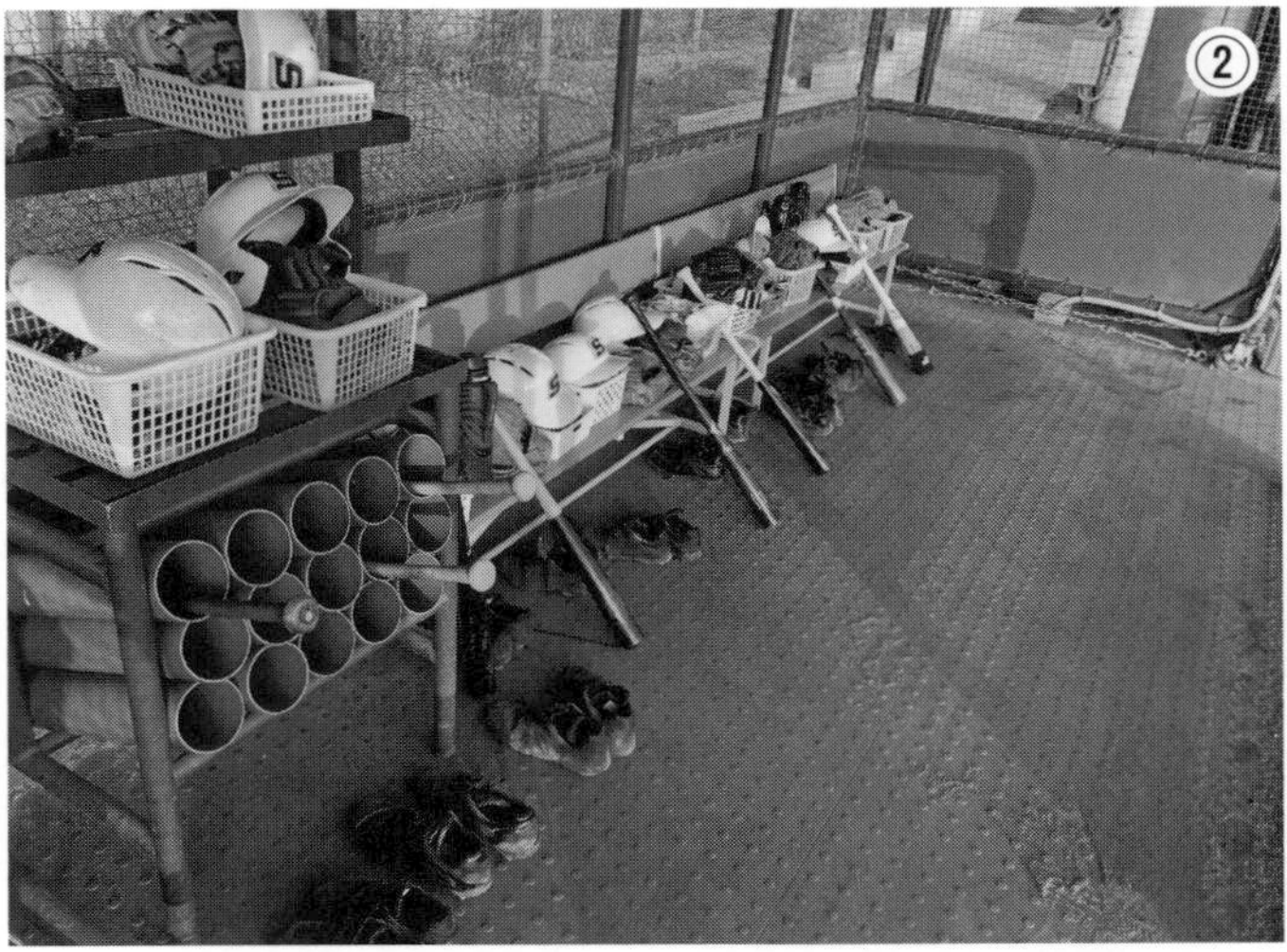

ベンチ内は掃除がしやすいようにゴムシートが敷かれている。こういった細やかな配慮もすべて麻王監督のリクエストによるもの

グラウンドを見渡す高台に造られたクラブハウス。中にはミーティングルームやトレーニングルーム、大浴場なども備えられている

三塁側に設置された観客席。クラブハウス同様、高台に位置するためグラウンドを一望する見晴らしは最高だ

そのテーマは「選手たちが心のゆとりも感じられるグラウンド」というものだった。まず、グラウンドが一望できるようにするため、入口やクラブハウスのあるところよりも低い位置にグラウンドを造った（土地自体を大分削った）。グラウンド一塁側の外にはブルペン（写真⑤）のほか、いろんな練習ができる多目的スペースも設けられている。

練習試合などで来ていただいた相手チームのために、クラブハウスには大浴場（写真⑥）も完備している。これも私からのリクエストだったのだが、相手チームに「また来たいな」と思ってもらうための、ひとつのおもてなしである。

また、まだ使ったことはないのだが、クラブハウスの裏にはバーベキューのできるスペースも造ってある。選手たちを野球漬けにするだけではなく、抜くところは抜き、気分転換することも時には必要だ。頃合いを見計らってバーベキュー大会を開催し、みんなで盛り上がりたいと思う。

以前の、校舎裏の駐車場で練習していた時代を思えば、今の環境は至れり尽くせ

一塁側の脇には、４名が同時に投げられるブルペンが設けられている。また、
その横には軽く内野ノックができるくらいの多目的練習スペースもある

クラブハウス内にある大浴場。練習試合などで他校を
招待した際のおもてなしのひとつとして備えられた

りの天国である。しかし、厳しい環境で練習していた時代の名残というのだろうか。すっかり貧乏性が板についてしまったため、グラウンド完成から1年以上を経た今も、この素晴らしい環境を持て余してしまっているようなところがある。

この充実した環境をいかにうまく使い、選手たちの力を向上させていくか。環境に合わせて、私たちの野球も多少スタイルを変えていく必要があるように感じている。試行錯誤は続いているが、いずれにせよ目標は「選手それぞれの人間性と野球の質を高め、至学館ならではの野球を探求していく」ことである。その結果として4強を倒し、甲子園に出場できれば言うことはない。

これからの戦国・愛知はどうなっていく？

近年の高校野球界を見ていて、とても強く感じることがある。それは、「素材重視」の流れがますます強くなっていることである。

強豪私学は特待生制度などを活用し、広く優秀な人材集めを行っている。その結果、甲子園に出場するチームは本校のような「選手個々の力はなくても、あらゆる策を駆使して総合力で勝負」というチームは減り、「秀でた選手を集め、その能力で勝負」というチームが増えている。現状の流れだと、かつてあった弱小チームが強豪校を倒すような番狂わせも起きづらくなる。これから先、高校野球界のスタイルはその流れがより強まっていくだろう。

私たちのように、スカウティング活動を積極的には行っていない高校が「私学4強」のような地力に勝る強豪校を倒すには、ベンチ入り20名の総合力を生かすための監督の指導力と采配力がなお一層問われていく。

20名の力を生かすには、普段の練習から工夫を欠かさず、選手たちの粘り強さ、執念といった精神力を育んでいくことも必要だ。私自身、これからの時代は技術、戦術指導にもっと創意工夫を加えなければならないし、それに合わせて選手たちの心の指導もバランスを取りながら進めていかなければならないと考えている。

「思考破壊」は、強豪校を倒すために続けてきた至学館の野球である。私たちはこの野球をさらに突き詰めて、相手の心理状態を瞬時に読み取るような感覚もより一層磨いていかなければならない。

私が目指す野球は高校野球とはいえ、やっていることは大学野球ぐらいの内容である。それだけに、選手たちにも普通の高校生以上の思考的、精神的成熟が求められる。もちろん、その成熟を促す責務は監督である私にある。

専用のグラウンドもできて、神奈川に次ぐ第2位の参加校数を誇る激戦区愛知を勝ち抜いていくにあたり、チームのスタイルを進化させていく必要性を私も感じるようになってきた。具体的に言えば、チームの戦術のバリエーションを増やすためにも、打力のある選手、あるいは優れた投手を補強しなければいけないのでは、と考えるようになった。

先述したように、今まで私は「来る者は拒まず」の姿勢で、選手の勧誘活動というものを積極的には行ってこなかった。年齢も重ね、チーム運営にも多少の余裕は出てきた。その余裕を今までしてこなかったスカウティングという部分にあてていくことは十分に可能である。

スカウティング活動も本音を言えば私は得意ではない。しかし、そういったこともしなければ、これから先チームのバージョンアップを図ることは難しいだろう。「私学4強」を破るために、次のステップとして大砲やエース候補の補強は考えていかなければならないことだと思う。

ちなみに、東西地区から2校が甲子園に出場した記念大会以外で2000年以降、4強以外のチームが夏の甲子園に出場したのは2001年の弥富（現愛知黎明）と2011年の本校、そして2019年の誉のたった3校しかない。それほどまでに「私学4強」の壁は厚く、高い。

もちろん、愛知には4強以外にも強いチームはたくさん存在する。強豪ひしめく愛知で生きていく限り、私たちにとって厳しい戦いはこれから先もずっと続いていくのだ。

チームとして進化をしていかなければならないのは当然だが、今まで私が続けてきた「選手たちが野球をもっと好きになる」というスタイルだけは、これからも変わらずに続けていくつもりである。

球数制限にどう対応していくか

指導者は固定観念を捨てよ

２０１９年11月、高野連（日本高校野球連盟）はひとりのピッチャーの投球数が１週間で５００球に達した場合（登板中に達した場合はバッターとの対戦が完了するまで）、それ以上投げることを認めない制限を、２０２０年春のセンバツを含むすべての公式戦で実施することを決めた（残念ながら新型コロナウイルス問題で、センバツを含む全国各地の春の公式戦は中止となったため、まだ実施にはいたっていないが）。

今後、高校野球の活動が再開となれば、公式戦で球数制限が採用される。この新たな制度によって、特定のピッチャーが酷使される状況は少なくなっていくと思うが、チームによっては新たな戦い方を模索しなければならないところも相当数出てくるだろう。

この新制度は、至学館にとってはさして影響がないどころか、むしろ大歓迎である。なぜなら、第2章でも述べたように本校の野球は投手4～6名による継投が基本なので、球数制限に当てはまるようなピッチャーは存在せず、創部以来行ってきた私たちのやり方をそのまま続ければいいからだ。

球数制限の制度自体がスタートすることに関して、私はとてもいいことだと思っている。今までも、他校のピッチャーで投げすぎによって潰れていく選手をたくさん見てきた。ポジションを変更せざるを得なくなったり、最悪の場合、野球の道から離れていってしまったりする選手もいた。そういった選手の話を見聞きする度に、私は「自分の目の届く範囲から、そのような選手は絶対に出さない」と誓った。

本校では、創部した十数年前から継投で試合を組み立てる野球をしてきたため、左右のサイドスロー、アンダースローといった変則や技巧派のピッチャー育成に力を入れてきた。これからは多くの学校で、そういった投手陣の再編成をしていかなければならないだろう。

また、そもそもピッチャーの頭数が少ない公立校なども多数存在していることから、「球数制限に対応できないチームも出てくるのでは？」と危惧されている。

しかし、制度がスタートすることが決まっている以上、私たちはそれに対応していくしかない。「ピッチャーの頭数が揃わない」というようなチームであっても、指導者がまず考え方を変えてピッチャー育成法を学ぶなどして、ほかの野手からピッチャーになれる素材を発掘、育成していかなければならないと思う。

これからの高校野球指導者は、選手の可能性を引き出すコーチングをしていく必要があるとも考えている。そのような指導をしていく上で、もっとも気を付けなければならないのは指導者の固定観念である。

「この選手は肩が弱いから、ピッチャーは無理」

そんな固定観念はこれからの野球には必要ない。

「ピッチャーが足りない」と言うのなら、すべての選手にまずはピッチャーをやらせてみてはどうだろうか？　そうすれば意外な選手の意外な才能に気付けるかもしれないし、選手たちのチャレンジ精神を育むこともできる。とにかく固定観念は捨て、指導者も選手たちもいろんなことにチャレンジしていくべきだと思う。

そもそも、この私も至学館で固定観念を捨てることからスタートした人間である。グラウンドがないから勝てない。フリーバッティングもノックもする場所がないから、選手の力を伸ばせない。そんなくだらない固定観念や常識は、覆してしまおうと思った。指導者が選手のやる気を削ぐようなことをせず、頭を使って選手たちの心技体を育てていけば、環境が整っていなくても勝つチームは作れるのだ。

お金のかからないチーム作りを続ける

保護者との付き合い方

スポーツの中でも、野球はお金がかかるスポーツだといわれている。確かに、ユニフォームなどの衣類や用具一式を揃えるだけでも結構な金額になる。

しかし、私はうちの野球部に限っては、月々5000円の部費だけで活動が賄えるよう、できるだけ出費を抑えた活動をしていこうと思っている。

「日本一、お金のかからない高校野球チームを目指す」

それが私のポリシーだといってもいい。

遠征はバスで日帰りで行けるところを主とし、バスの運転もスタッフがするなどして出費を極力抑えている。他校ではよくあるオリジナルTシャツを作ることなども控えるように伝えている。

また本校では、保護者の部活動への関わりも最小限に止めている。お茶当番のような交代制の役割分担もないし、公式戦での保護者の応援も義務付けていない。保護者の中での派閥などができないよう、「親が5人以上固まって応援、観戦はしないでください」と普段からお願いもしている。

私が保護者の方々にお会いするのは、新入生として入部してきた最初の保護者説明会くらいのものである。他校では、定期的な保護者会や交流を深めるための懇親会などを行っているところもあるようだが、私は保護者のみなさんの負担をできる限りなくしたいと思っているので、そういったイベントも一切行っていない。

そもそも、他校によくある「父母会」に関する話で、私はいい話を聞いたことがない。聞くのは保護者同士の揉め事や保護者による監督批判など、悪い話ばかりである。こういった事柄は、選手たちが部活動をする上で何のプラスにもならない。

私が保護者との付き合いを最小限に止めているのは、そういったしがらみを作りたくないのもひとつの理由だ。

近年、野球の競技人口の減少が叫ばれているが、本校にいたっては来る者は拒まずの姿勢と、「お金がかからない」「保護者の負担が少ない」という理由もあって、部員数は増え続けている。もし部員減にお悩みのチームがあるとしたら、うちのようなやり方を参考にしていただければ幸いである。

指導者に必要なもの
「出会いとチャンス」に気付く力を磨く

高野連の発表によると、2019年5月の時点で高校野球（硬式）の加盟校数は3957校になるという。

私を含め、全国には約4000名の高校野球の監督がいるということである。チームの強い、弱いに関係なく、監督をされているみなさんはそれぞれにいろいろなご苦労をされていると思う。

大学卒業後、花咲徳栄のコーチとなって、私の高校野球指導者人生は始まった。以降現在までの35年間、私は生徒たちそれぞれの中にある「野球選手の魂」を育ててきたつもりである。

今まで、それこそ数えきれないほどのチームと対戦し、その都度私もいろんなことを相手チームから学ばせていただいた。

多くのチームと対戦を積んできた中で、私がよく感じるのは「せっかくいい素材がいるのに、その巡り合わせに監督さんが気付いていない」ということである。そのような監督さんと話をすると「うちは人材がいないんですよ」とおっしゃるのだが、自分の近くに転がっているチャンスにまったく気が付いていない。

各都道府県に一・二校は存在する「超名門校」と呼ばれるチーム以外は、毎年のように優勝できるチャンスは巡ってこないものだ。そしてそのサイクルは3年に1

回のチームもあれば、10年に1回、あるいは20年に1回というところもたくさんあるだろう。強いチームを作るには、指導者がそういったチャンスに気付けるかどうかも大いに関与している。高校野球指導者の「指導力」にはそのような野球勘も含まれるのだ。

巡ってきたチャンスに指導者が気付けなければ、当然のことながら公式戦で勝ち上がっていくことはできない。そうなると、チャンスに気付けない指導者は「こんなにがんばって教えているのに」とストレスを感じ、やがて心が萎えたり、あるいは選手に八つ当たりをしてしまったりするようになる。

どんな指導者にも、「出会いとチャンス」は巡ってくると私は思っている。試合で勝つための野球理論を学ぶことは重要だが、それと同等に「気付く力」を身に付けることも指導者にとって大切なことだと思う。

「出会いとチャンス」に気付いた時、自分の持てる力のすべてを前面に出し、そこで一発勝負を賭ける。野球の指導者には、ある意味そういった勝負師的な感覚も大いに必要だろう。

また、高校野球の監督は選手たちに「野球を教える」のと同等に、いやもしくはそれ以上に「心を鍛える」ことが重要であると私は考えている。技術のことは二の次にしてもいいので、選手たちが後の人生でどんな困難にも立ち向かっていけるような「強い心」を育んであげることが、指導者がいの一番にやらなければならないことなのだ。

高校野球の監督さんの中には、甲子園しか見ていない「勝利至上主義」の方々が少なからず存在する。でも、私は甲子園を最終目標に据えてはいない。目標はあくまでも選手たちに「強い人間になってほしい」ということ。もちろん、その強さには思いやりやさしさなども含まれるが、そういった人間力のある選手をひとりでも多く育て、その結果として甲子園に行ければ最高である。

試合の勝敗よりも大切なもの

今日の自分に勝ったか、負けたか

高校3年生の球児にとって、夏の大会は高校生活最後の大一番となる。各都道府県で甲子園への切符を手にできるのはたった1校。それ以外の大多数のチームの選手たちは敗者として、高校野球から去っていく。

至学館で監督となって14年。甲子園に出場した2011年を除き、夏の県大会で敗退した後の最後のミーティングで、私は選手たちに必ずかけている言葉がある。泣きじゃくる選手たちを前に、私も泣きながらこう声をかける。

「みんな堂々としなさい。今日の勝負は負けたけれども、勝負には勝ちか負けしかない。今日は2分の1の確率でたまたま負けただけだ。勝負とはそんなもんだ。でも、みんなで野球を学び、野球観をともに培い、至学館の野球部員として高校野球を最後まで一緒にやり遂げた。そういった意味では、濃密な2年半の高校野球人生に君たちは勝ったんだ。何事もやると決めたら最後までしっかりとやり遂げる。それが大切なんだよ。ここからまた、それぞれに新たな次のステップが始まる。そこに向かって、胸を張って挑んでほしい」

と。本書で述べたように、私は選手たちに「自分だけが持っている長所を磨き、それをアピールしなさい」と言い続けている。三拍子揃った選手などなかなかいない。でも、誰にでも長所というものはひとつやふたつはあるはずだ。一拍子だとしても、それも立派な個性である。その個性を磨き、自分の魅力にすれば人生の突破口は開けるのだ。

ある意味、うちの野球部は一拍子の選手たちの集まりである。私たちはそんな一拍子を繋ぎ合わせて、ほかにはないオリジナリティあふれるチームを毎年作り上げてきた。

私は選手たちに「野球選手として生きる前に、まずはひとりの人間として、男として、弱い者を助けてあげられる人になってほしい」と伝えている。そうやって一人ひとりが人間力を高めていくことがチーム力に繋がっていく。

人間力を高めていけば、困っている人や弱っている人にすぐ目が行くようになるし、自分のまわりに落ちているゴミも造作なく拾えるようになるだろう。そうやっていろんなことに気付ける人は、試合中のグラウンドでもいろんなことに気付けるようになり、それがその人のプレーの幅となって表れる。

目標に向かって一生懸命に生きている人に「負け」はない。本書をお読みの高校球児のみなさんにも、「今日の自分に勝ったか？」と毎日問い続けてほしい。

「今日の自分に勝つ」

365日、それを積み重ねていくことで負けない人生が形作られていく。悔いを残さぬよう、今日という一日を充実させる。私は人にとってそれが最高の幸せではないかと思う。

人生にとって、試合の勝ち負けなどは大した問題ではない。重要なのは「今日の自分に勝ったか、負けたか」。その積み重ねが、あなたの人生を豊かなものにしていくのだ。

高校野球監督は発育者であれ

私は日頃、選手たちのプレー中のミスなどにはあまり怒らない。怒るのは、心の部分で自分に負けてしまっている選手に対してである。

前向きに練習に取り組んでいない。やれることをやろうとしていない。そういった中途半端な気持ちで物事に取り組んでいる選手には、声を荒げて怒ることがある。

近年の高校生たちを見ていて気付くのは、用意周到といえば聞こえはいいが、事前に頭で考えてしまい「これは無理だ」とやる前からあきらめてしまう生徒が多いことだ。

野球部の新入生たちを見ても、そういった選手は多い。だから私はそんな選手たちに「失敗してもいいから、まずは踏み出そうよ」と伝えるようにしている。

選手たちが失敗を恐れるのは、「いい結果を出さないと評価されない」という結果至上主義の環境で育ってきたからである。

だから私は「結果なんか気にするな」と選手たちに言い続けている。大事なのはプロセスであり、結果ではない。前項でも述べたが、試合には負けても、あるいは三振したとしても、今日の自分に勝ったのならそれでいい。

私はあと数年で還暦を迎えるが、今までの人生を振り返り、やってきたことの7割、いや8割は失敗だった。10個のうち、成功することはせいぜい2個か3個。でも私は数少ない成功よりも、圧倒的多数を占める失敗から多くのことを学んできた。失敗から得た教訓を明日に生かし、人として成長していく。人を成長させてくれるのは成功ではなく、失敗なのだ。

学校の先生たちは「教育者」といわれるが、私は高校野球の監督は「発育者」であるべきだと考えている。

教えて育てる「教育者」ではなく、選手たちが自発的に育っていく「発育者」。選手の発育を上手に促していける指導者が、真の指導者だと私は思うし、そういった真の指導者となれるよう今も私は選手たちとともに日々研鑽を積んでいる。

野球だけうまい選手を作るのが高校野球の監督ではない。野球もうまいが、それ以前に社会に貢献できる人に育ってほしい。そのような選手をひとりでも多く育てられる指導者が私の理想とする「発育者」なのだ。

おわりに

練習環境が整っていなくても、知恵を絞ればやりようはいくらでもあるし、チームを強くすることもできる。本書をお読みになったみなさんには、それをご理解いただけたと思う。

私自身、至学館で監督をやる前までは強豪校でコーチや監督を務め、今とはまったく違う「目指せ、甲子園！」の指導を行っていた。

しかし、本書で詳述したように、素人同然の部員たちと触れ合い、私は野球の原点に立ち返ることができた。自分で言うのも何だが、本書で述べた指導法、チーム運営は今の時代にとてもマッチしていると思う。

だから、練習も長時間行わないし、休憩もしっかり取る。全員が同じ量の練習を行えるようにメニューも工夫して組んでいる。

甲子園出場のご褒美として、本校にも専用グラウンドができた。でも、だからといって、今まで続けてきたこのやり方を大きく変えようとは思っていない（もちろん、環境に合わせた微調整は必要だが）。このやり方で結果を残してきたのだから、それを信じ、そして選手たちを信じて、これからも私は至学館野球部で変わらぬ指導を続けていくだけである。

これまでは遠征試合一辺倒だった私たちも、専用グラウンドができたことで練習試合に対戦相手をお招きできるようになった。

昔から付き合いのある監督さんたちが練習試合でやって来ると「グラウンドは新しいのができても、やっていることは同じだね」と言ってくれる。中には苦笑交じりに「相変わらずちまちました野球をしてるね」と言う監督さんもいる。でも、私は他校の監督さんたちがそう言ってくれることがうれしい。選手たちが野球を好きでいてくれる以上、このやり方を根本から改めるつもりはまったくない。

恵まれない、制限がある、制約がある。厳しい逆境の中でこそ、選手たちの感性は育まれ、人間が持っている底力が出てくることを私は至学館野球部で学んだ。今は専用のグラウンドがあるが、高校野球の3年間は人間力を高める場であるという指導法をこれからも貫き、現状に満足することなくやっていきたいと思う。

長年高校野球に携わってきて最近感じるのは、「高校野球には、ゴールも終着点もない」ということである。選手たちにとって、高校野球は通過点にすぎない。高校野球で学んだことを、いかにその後の人生に生かしていけるか。それを彼らに伝え、理解してもらうのがもっとも重要なことなのだと、最近つくづく感じている。

至学館野球部のOB会が毎年12月に行われるのだが、卒業した選手の約80％が毎年参加してくれている。うちの野球部はチームというより、ひとつの家族といってもいい。これほどまでに、選手たちと強い繋がりを持てていることが、私は素直にうれしい。

また、私がここまでやってこられたのは、妻や子供たちがいてくれたからである。家族の存在なくして、私の人生を語ることはできない。この場を借りて、家族に感謝の気持ちを伝えたい。本当にありがとう。

本書の最後に、私の好きな言葉をご紹介したい。
これは、池田高校野球部元監督であり、高校球界を代表する名将として知られる故蔦文也さんが遺された言葉である。

「鍛錬は千日の行
勝負は一瞬の行」

私たちは試合で起こる一瞬のために、地道な努力を毎日続けている。これからも選手たちとともに、自分に負けず、充実した一日をどれだけ多く積み重ねていくかを追い求めていこうと思う。

２０２０年６月　至学館高校野球部監督　麻王義之

思考破壊
超一流に勝つための流儀

2020年 7 月10日　初版第一刷発行

著　　　者／麻王義之

発　行　人／後藤明信
発　行　所／株式会社竹書房
〒102-0072
東京都千代田区飯田橋 2-7-3
☎03-3264-1576（代表）
☎03-3234-6208（編集）
URL　http://www.takeshobo.co.jp

印　刷　所／共同印刷株式会社

カバー・本文デザイン／轡田昭彦＋坪井朋子
協　　　力／至学館高校野球部
カバー写真／オクムラ写真館・鬼塚脇大樹
編集・構成／萩原晴一郎

編　集　人／鈴木 誠

Printed in Japan 2020

ISBN978-4-8019-2324-9